KB262248

글누림 문화콘텐츠 총서 3

문화콘텐츠와 창의성
− 3일(63시간) 만에 다녀온 창의성 여행

저자소개

전 방 지
현재 호서대 디지털콘텐츠비즈니스학과 교수

심 상 민
현재 호서대 디지털콘텐츠비즈니스학과 교수

글누림 문화콘텐츠 총서 3

문화콘텐츠와 창의성

초판 인쇄 2005년 12월 16일
초판 발행 2005년 12월 24일
지은이 전방지 · 심상민
펴낸이 최종숙
편집 이태곤
펴낸곳 도서출판 글누림
주소 서울 성동구 성수2가 3동 301-80
전화 3409-2055
팩스 3409-2059
등록 2005년 10월 5일 제303-2005-000038호
전자우편 nurim3888@hanmail.net
값 8,500원
ISBN 89-957345-2-3-03330

글누림 문화콘텐츠 총서 3

문화콘텐츠와 창의성

– 3일(63시간) 만에 다녀온 창의성 여행

전방지 · 심상민 공저

문화콘텐츠 총서 발간에 부쳐

호서대학교 교수님들이 주축이 된 글누림 문화콘텐츠 총서의 발간을 축하합니다. 지금 우리가 살고 있는 21세기는 지식기반 사회로 들어서고 있는 바, 이러한 문화의 세기에 대학 교육도 초국적, 초학제, 초캠퍼스라는 새로운 환경에 적응해야 합니다. 이런 시대정신의 흐름에서 가장 필요한 것이 창의적인 도전정신입니다.

이번에 발간되는 문화콘텐츠 총서는 그러한 도전정신을 가지고 우리 대학의 연구자들이 이룩한 연구 업적입니다. 금번 1차 문화콘텐츠 총서에 이어 신개척의 문화 영역에서 창의적이고 도전적인 업적들을 담은 우리의 총서는 지속적으로 간행될 것입니다.

그간 우리 대학은 벤처정신을 극대화하고 특성화함으로써 비약적인 발전을 이룩해 왔으며, 하나님을 공경하고 사회와 인류에 기여하는 참사람을 길러내는 데 최선을 다해 왔습니다. 이번 총서도 바로 이 인재 양성의 목표를 위해 노력한 그간의 창조적이고 도전적인 젊은 벤처정신이 일구어낸 결실인 것입니다.

빛과 소금이 되라는 성경 말씀을 실천에 옮긴 문화콘텐츠 총서 기획단 및 집필자 여러분의 노고에 다시 한번 격려의 말씀을 드리는 바입니다.

호서대학교 총장 강 일 구

EDITOR'S NOTE

2000년에 들어 '文化産業'이라는 이름으로 출발했던 것이 이제는 '문화콘텐츠'라는 이름으로 굳어져 다음 세대의 산업을 선도할 핵심 분야라는 평가를 듣고 있다. 문화산업이 아니라 문화콘텐츠산업이라고 그 명칭도 수정되어 지금은 문화콘텐츠산업을 진흥하기 위한 문화콘텐츠진흥원도 설립되었다. 또한 관련 학회도 활발히 활동하고 있다. 각각의 문화산업 분야의 학회는 말할 것도 없고 산업과는 거리가 멀 것 같은 人文 영역이 이젠 문화콘텐츠산업에 중추적 역할을 할 것이라는 사명감으로 인문콘텐츠학회도 만들었다.

미국에 있는 학과 교수에게 문화콘텐츠를 영문으로 표기해야 할 일이 있었다. 한국문화콘텐츠진흥원의 영문 명칭을 참조해 'Culture and Content'라는 용어로써 표기했다. 잘 모르겠다는 눈치여서 우리가 생각하는 문화콘텐츠를 설명하니 그것은 문화산업이니 'Culture Industry'로 표기해야 하는 것이라고 했다. 영화나 게임 등 상업적 목적이 뚜렷한 것은 말할 것도 없고 한국문화원형사업이든, 韓流事業이든, 지역축제든 에듀테인먼트든 그 궁극적인 목적은 문화를 기반으로 한 산업화의 가능성이라는 것을 털어놓으라는 말이다. 사실 출발이 문화산업으로부터 출발했으니 그 문화산업의 내용을 문화콘텐츠라고 지시한다고 해서 산업적 속성이 사라지는 것은 아니다.

문화산업이라고 하든, 문화콘텐츠산업이라고 하든 처음의 출발이 산업적 개념과 목적으로 시작된 것은 사실이다. 천박한 商魂은 모든 것을 상품화하기 마련이라고 나무라기 전에 가치를 인정받지 못하면 결국 존재적 의의마저도 상실될 수밖에 없는 가혹한 현실을 받아들여야 한다는 것이다. 지금의 상황이 인문학의 위기는 아니며, 인문학의 위기가 기초 학문의 위기는 더욱 아니며 학문의 위기는 더더욱 아니라고 한다. 오히려 탄탄한 기초 학문, 인문 학문이 문화산업의 가능성을 열어주니 학문으로서는 새로운 대응력을 갖는 것이라고 역설한다.

우리 대학은 산학 분야에서 단연 인정받고 있다. '벤처'를 학교의 모토로 삼은 것도 벤처 산업을 염두에 둔 것이 아니라 문자 그대로의 의미에서 '모험 정신'을 내세우기 위함이다. 이러한 의미에서의 모험 정신이 산학 분야에 집중되었다면 이제는 그 학술적 역량을 발휘할 때가 되었다. 이번 문화콘텐츠 총서의 정신은 바로 여기에 있다.

이 총서는 교양 있는 일반인을 위한 문화콘텐츠의 학술적 동향과 안내를 하는 것이 그 목적이다. 쉽고 간결한 문체를 선택하도록 했고 많은 그림과 도표로써 이해를 돕도록 했다. 모든 주석은 내용주로 처리하되 설명을 위한 최소한의 주석만 넣도록 했다. 단순 전거를 밝히는 주석은 참고문헌에서 몰밀어서 제시하도록 했다. 이러한 원칙을 정하고 모두 네 차례에 걸친 심포지엄을 열어 서로의 초안을 읽고 의견을 개진했다. 그러니 이 총서는 사실 개개의 집필자의 개성에 넘치는 저작이면서도 또한 공동 작업의 결과이기도 하다.

지금은 1차 총서이지만 향후 문화콘텐츠의 전 영역에 걸쳐 2, 3차 총서가 지속적으로 발간될 것이다. 이 작업이 문화콘텐츠라는 初有의 분야에 의미 있고 중요한 저술이 되길 희망한다.

호서대학교 한국어문화학부 국어국문학전공 김성룡

PROLOGUE

우리는 이 책에서 콘텐츠 비즈니스와 관련하여 창의성에 대한 질문을 던지고 있다. 창의성이란 도대체 무엇인가? 그리고 창의성이 발현되는 창조과정은 어떤 과정인가? 창의성이 계발될 수 있을까, 어떻게 하면 될까? 그리고 실제 성공한 콘텐츠 비즈니스에 있어서 창의성은 어떻게 발현되는가? 콘텐츠 비즈니스의 창의성 모델은 어떤 요소로 구성할 수 있는가?

창조적 대가가 아닌 평범한 우리도 창조적 삶을 살 수 있다. 이 책을 기획하고 만들어 낸 과정도 우리의 창의성 개발 및 창조과정이라고 할 수 있다. 그렇다고 우리 작업의 결과물이 창의적이라고 스스로 주장하는 것은 아니다. 그렇게 주장할 수 없다. 창의적이라 인정받기 위해서는 현장의 평가를 받아야 한다. 사실은 결과가 너무나 어설프고, 미완성이기 때문에 많이 움추려 들게 된다. 어디선가 멈추어야 하기 때문에 멈출 뿐이다. 완전한 미완성(perfect imperfection). 그리고 다음의 말이 마음에 든다.

"우리도 좋아하는 일을 하면서 일생을 보낼수 있다. 비록 새로운 화학원소를 발견하거나 위대한 소설을 쓰지는 못한다고 해도 창조과정을 사랑하는 것 자체는 누구나 할 수 있는 일이다. 그리고 그보다 풍요로운 삶을 사는 방법은 아마 없을 것이다."

-칙센트 미하이 〈창의성의 즐거움〉에서-

우리는 이렇게 원대한 포부를 품고 콘텐츠 창의성에 대한 현장탐사를 위해 우리는 짧고 굵은 여행을 떠났다. 이 책은 그 여행길에서부터 시작한다.

CONTENTS

문화콘텐츠 총서 발간에 부쳐_5
EDITOR'S NOTE_6
PROLOGUE_9

1. 여행 전날 · 12

＊ 나레이션 · 12

⑴ 사전 공부: 왜 창의성인가? · 12

⑵ 콘텐츠 창의성을 위한 여행준비 · 21

2. 창의성 여행, 첫째 날 : 창의성은 무엇인가? · 24

＊ 나레이션 · 24

⑴ 첫째 날 여행기 · 25

⑵ 학습내용 · 43

3. 창의성 여행, 둘째 날 : 창의성은 어떻게 생성되고 개발되는가? · 58

＊ 나레이션 · 58

⑴ 둘째 날 여행기 · 59

⑵ 학습내용 · 70

4. 창의성 여행, 셋째 날 : 콘텐츠 성공사례 분석 · 97

＊ 나레이션 · 97

⑴ 셋째 날 여행기 · 97

⑵ 학습내용 · 110

5. 여행 다음 나날들 · 136

＊ 나레이션 · 136

⑴ 우리모델 : 콘텐츠와 창의성 체계 모델 · 136

⑵ 툴박스(창의성 훈련 프로그램) · 183

참고문헌 · 211

1. 여행 전날

(1) 사전공부 : 왜 창의성인가?

✳ 나레이션

문화와 경제의 결합인 콘텐츠 비즈니스, 콘텐츠 비즈니스의 다른 이름은 크리에이티브 비즈니스 혹은 창조적 비즈니스이다. 왜 창의성인가? 여행을 떠나기 전 우리는 문화산업론을 공부했다.
문화산업론에서는 창의성이 결여된 것이 곧 문화산업(콘텐츠 비즈니스를 포함하는)이 생산하고 유통시키는 문화상품의 본질이라고 하지 않았던가? 왜 창의성인가?

왜 창의성인가?

콘텐츠 비즈니스를 말하면서 왜 창의성의 문제를 제기하는가? 이 문제를 놓고 즉각 떠오르는 학자가 있다. 잘 알려졌듯이 "문화산업"이라는 개념을 처음 사용한 두 학자, 아도르노와 호르크하이머이다. 이들은 창의성이 결여된 것이  문화산업(콘텐츠 비즈니스를 포함하는)이 생산하고 유통시키는 문화상품의 본질이라고 하지 않았던가? 사실 맞는 말이기는 하다. 우리는 대량으로 쏟아져 나오는 독창적 가치를 인정하기 어려운 판박이 문화상품을 너도 나도 일상적으로 소비하고 있다. 그런데도 오늘날 문화콘텐츠 비즈니스는 창조적 비즈니스(creative business)라 불린다. 그렇다면 콘텐츠 비즈니스와 창의성이 무슨 묘한 관계를 맺는 것인가?

❶ 문화와 경제의 결합인 콘텐츠 비즈니스

Paul du Gay(1997)는 〈문화의 생산/생산의 문화〉에서 문화경제에서 경제와 문화는 이제 돌이킬 수 없이 잡종 범주가 되었다고 선언한다. 문화와 비즈니스가 이처럼 결합한 사업이 문화콘텐츠 비즈니스이다. 그러나 이 둘 간의 결합의 역사는 그리 길지 않다. 과거에 문화와 경제는 분리된 영역이었다. 문화와 경제는 절대적으로 상호 자율적인 총체로 여겨지거나 그렇지 않으면, 문화는 물질적 기초를 반영하는 상부구조인 이차적 질서로 간주되었다.

문화와 경제를 절대적으로 상호 자율적인 총체로 보는 관점에서 문화는 소수 상류층만이 누릴 수 있는 하이 컬쳐를 의미했다. 하이 컬쳐인 문화는 대중이나 비즈니스와는 오래 동안 상당한 거리를 유지하는 분리된 영역이었다. 하이 컬쳐는 예술성, 아름다움, 진정성, 진실이라는 가치를 추구하는 영역이고 자율적 존재 영역이었다. 반면, 경제는 합리적 이윤추구, 도구주의, 잔혹한 합리성을 특징으로 하는 별개의 영역이었다. 둘 간의 경계를 무너뜨리려는 시도도 문화를 저급화하는 일이었다. 그러나 오늘날 문화와 경제 둘 간의 대치는 더 이상 가능하지 않다. 이제 문화는 비즈니스세계에서 가장 핵심적인 개념으로 등장하며 문화와 비즈니스 간 오랜 분리 상태를 청산하고 있다. 양자는 상호 구성하는 관계 속에서 그 어느 때보다도 강하게 연결되고 있다.

문화와 비즈니스의 결합은 두 가지 방식으로 일어난다.

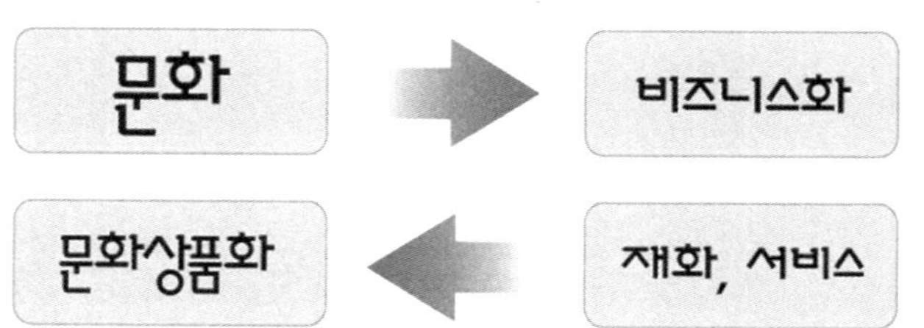

첫 번째 결합은 문화가 비즈니스의 내용이 되는 것이다. 문화를 상품화하는 이와 같은 비즈니스의 전세계적 대표주자는 소니(Sony), 타임워너(Time Warner) 베텔스만(Bertelsmann), 그리고 디즈니(Disney)같은 기업들이다. 소니는 엔터테인먼트 기업으로 변신하여 새로운 소프트웨어와 하드웨어를 연결하는 방식으로 동영상과 음악을 생산하고 분배하는 사업을 벌이고 있다. 이들 글로벌 엔터테인먼트 기업은 세상에서 가장 강력한 경제적 행위자가 되었다.

두 번째는 거꾸로 수많은 재화와 서비스가 문화 상품화하는 방식으로의 결합이다. 이 방식에서 문화적 상품은 특정 의미와 연상을 지니게 된다. 즉, 의미와는 무관하게 보이는 평범한 상품들인 인스턴트 커피나 은행계좌 등이 의미의 클러스터를 중심으로 팔리게 된다. 상품과 서비스가 점점 더 심미화하고 유행하는 스타일로 만들어지는 측면은 수많은 상품과 서비스의 생산과 순환에서 문화가 점점 더 중요해짐을 보여준다. 스타벅스는 커피 문화화의 대명사이다. 그리고, 문화적 중개 직업인 광고, 디자인, 마케팅이 이 과정에서 핵심적인 역할을 한다. 이들은 상품에 특정 문화적 의미를 부여하는 하는 일을 전문적으로 수행함으로써 상품과 소비자 간의 동일시를 만들어 낸다. 문화상품은 소비자들이 그 상품에 대한 욕망을 일으키도록 의식적으로 생산되어 순환된다.

❷ 창의성 결여에 대한 문화산업론의 우려

이처럼 문화와 경제가 결합한 비즈니스를 "문화산업"이라는 용어로 부른 것은 프랑크푸르트 학파의 아도르노와 호르크하이머였다. 저서 〈계몽의 변증법〉에서 이들이 보여준 문화상품의 생산과 소비의 본질에 대한 통찰은 오늘날까지 문화와 경제에 대한 논의에서 끊이지 않는 논쟁을 제기하고 있다. 문화의 생산이 소비재를 대량으로 제조하는 다른 산업의 방식과 유사한 방식으로 이루어진다고 주장했다. 즉, 생산의 우선적 목적은 이윤의 창출이며 다른 산업과 마찬가지로 합리적인 절차를 따라 일관조립라인의 생산처럼 문화상품을 생산한다. 나아가 아

도르노와 호르크하이머는 이러한 문화산업이라는 아이디어를 대중문화와 연결시켜 대중문화에서는 문화생산은 일상화, 표준화되고 반복적인 작업이 됨을 관찰했다. 이런 방식으로 생산된 문화상품을 소비하는 대중은 수동적 소비자일 뿐이다. 그런데 대중의 취향은 동질성과 속물성, 저속성을 특징으로 한다. 때문에 이들은 산업자본주의의 생산방식과 관리체제하에서 음악, 문화, 회화가 가진 예술적 창조성이 부패하는 것을 크게 염려했다. 문화상품을 생산할 때, 예술이 가진 창조성을 상품 속에 구현하지 못할 것을 우려했다.

표준화란 예컨대 대중음악에서 히트 곡 생산 과정에서 작곡자가 엄격한 공식대로 반복적인 시퀀스와 반복되는 후렴부분을 만들어 내는 것처럼 순전히 이윤이라는 상업적 동기에 의해 문화생산이 기계적이고 조작적인 작업이 된다는 의미이다. 가짜 개별성의 개념은 수많은 문화상품이 나오지만 이들 간의 차이는 피상적 차이일 뿐임을 의미한다. 남다르게 잘 생긴 영화배우들의 외모조차 대량생산된 것이다. 상품간의 차이는 아주 근소하다. 문화상품을 소비하는 대중은 이러한 저속하고 동질적인, 독창성이 없는 상품의 수동적 소비에 빠져 세상에서 자신의 위치에 대한 성찰을 하지 못하게 된다.

한마디로 문화산업에서 창의성의 여지는 없다. 문화상품은 이윤추구의 목적으로 생산되는 값싸고 대량생산된 상품이다. 문화산업에 의해 문화는 규격화, 반복화, 그리고 동질화의 작업을 거쳐 상품이 된다.

❸ 콘텐츠 비즈니스는 창조산업이다

이처럼 문화산업에 의해 생산되는 모든 제품은 표준화된 면모를 보이고 가짜 개별성을 특징으로 한다는 주장은 콘텐츠비즈니스가 창의성을 핵심으로 한다는 생각과는 전면 배치된다. 그러나 오늘날 콘텐츠 비즈니스는 창의성을 가치의 근원으로 하여 정의된다. 영국의 경우, 콘텐츠 비즈니스는 "창조산업"(creative industry)으로 일컬어지고 있다. 창조산업은

> "개인의 창의성, 기술, 재능 등을 이용해 지적 재산권을 창출하고 이를 상업적으로 활용함으로써 경제적 부가가치와 고용, 창출을 가져오는 모든 산업 활동"

으로 정의된다. 이러한 창조산업에는 광고, 건축설계. 미술품 및 골동품, 수공예, 디자인, 영화, 쌍방향 소프트웨어(게임용 및 교육용 소프트웨어), 음반, 공연예술, 출판, 텔레비전, 라디오 방송 등이 포함된다. "크레비즈"도 문화와 벤처가 결합한 문화콘텐츠 비즈니스를 일컫는 일본판 조어로 콘텐츠비즈니스의 창의성을 강조하는 용어이다.

우리 문화관광부의 문화콘텐츠 비즈니스 정의에서도 창의성이 핵심요소이다.

> "문화, 예술, 학술적 내용물의 창작 또는 제작에 중점을 두어 주로 문화예술 및 학계를 기반으로 창작성을 중요하게 보고 있으며 이러한 창작적인 문화적 요소가 체화되어 경제적 부가가치가 창출된 것"
>
> — 문화산업진흥 기본법 —

〈콘텐츠와 문화 콘텐츠 산업에 대한 정의〉

콘텐츠	■ 사전적 의미로 서적이나 잡지 등의 저작물과 내용물을 의미 ■ 최근에는 텍스트, 데이터, 음성, 화상, 영상 등의 모든 정보형태를 포괄하는 아날로그 및 디지털 정보 내용물이나 서비스들을 통칭하는 의미로 사용되고 있음 ■ 유럽위원회(the Council of Europe)는 콘텐츠 산업(content industry)이란 용어를 문화산업과 혼용해서 사용하고 있다

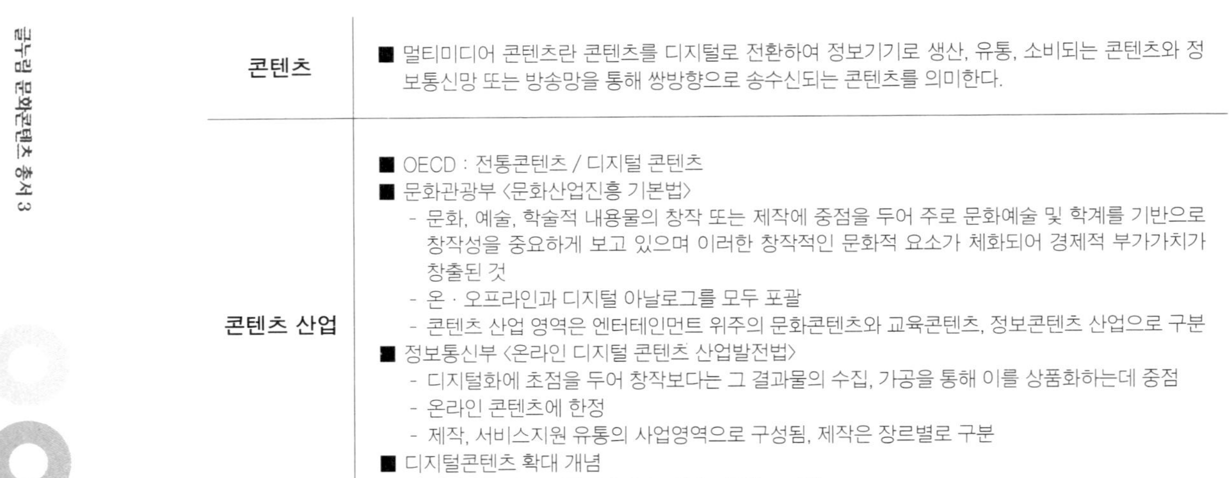

콘텐츠	■ 멀티미디어 콘텐츠란 콘텐츠를 디지털로 전환하여 정보기기로 생산, 유통, 소비되는 콘텐츠와 정보통신망 또는 방송망을 통해 쌍방향으로 송수신되는 콘텐츠를 의미한다.
콘텐츠 산업	■ OECD : 전통콘텐츠 / 디지털 콘텐츠 ■ 문화관광부 〈문화산업진흥 기본법〉 - 문화, 예술, 학술적 내용물의 창작 또는 제작에 중점을 두어 주로 문화예술 및 학계를 기반으로 창작성을 중요하게 보고 있으며 이러한 창작적인 문화적 요소가 체화되어 경제적 부가가치가 창출된 것 - 온·오프라인과 디지털 아날로그를 모두 포괄 - 콘텐츠 산업 영역은 엔터테인먼트 위주의 문화콘텐츠와 교육콘텐츠, 정보콘텐츠 산업으로 구분 ■ 정보통신부 〈온라인 디지털 콘텐츠 산업발전법〉 - 디지털화에 초점을 두어 창작보다는 그 결과물의 수집, 가공을 통해 이를 상품화하는데 중점 - 온라인 콘텐츠에 한정 - 제작, 서비스지원 유통의 사업영역으로 구성됨, 제작은 장르별로 구분 ■ 디지털콘텐츠 확대 개념 - 엔터테인먼트 + 정보적 요소 제공 + 통신 + 거래

콘텐츠 비즈니스는 크리에이터의 감성과 상상력에 의존하는 바가 크다. 콘텐츠의 원형이 창의적이여야 하고 콘텐츠 제품이 창의적이여야 한다. 이처럼 콘텐츠 제작 및 광고업체나 디자인 업체 등 문화적 매개자들의 매개 과정과 경영, 마케팅과정을 포함하는 콘텐츠 비즈니스 전체 회로 상에서 창의성은 핵심적인 역량이다. 기술적 기량보다는 창조성과 기획력이 중시되므로 단순한 기능인보다는 예술가 혹은 창의적인 전문인이 요구된다. 콘텐츠 인력은 기술과 예술, 과학과 문화, 지식과 감성 등을 결합한 인간형으로 복사된다. 콘텐츠 인력을 대상으로 직업별 직무능력을 조사한 한상근 외(2002) 연구에서는 언어, 수리·논리력, 시각·공간, 대인

관계, 자기성찰, 음악, 신체운동, 손 재능, 창의성의 9개 영역의 중요성을 조사한 결과 거의 모든 직업에서 창의성이 가장 중요한 직무 수행 능력으로 나타나기도 했다.

❹ 이 책의 구성

창의성 탐구에 나선 이 책은 다음과 같이 구성된다.

첫째, 우선, 창의성이란 무엇인가, 그리고 창조과정은 어떻게 이해할 수 있는가에 대해 살펴본다. 창의성의 개념에 대해서는 심리학, 사회학, 경영학 학문분야에서 실로 다양하게 연구되어 온 바 있다. "창의적이라는 말은 너무 광범위하다. 그 말은 의미가 다른 여러 경우를 지칭하기 때문에 혼란을 빚고 있다."고 지적한 칙센트미하이의 창의성 연구의 결과에서 우리는 시작한다.

창조과정과 창의성 개발은 어떻게 일어나는가? 이에 대해 칙센트미하이는 이렇게 설명한다. 핵심은 개인과 사회의 상호작용의 결과이다. "창의적이라 불릴만한 아이디어나 업적은 한 개인의 머리에서 나오는 것이 아니라 여러 조건이 어우러져서 빚어내는 상승작용의 결과"이다. "창의성을 향상시키기 위해서는 창의적인 생각을 하려고 노력하기보다는 환경을 변화시키는 쪽이 훨씬 수월하다." "아울러 진정한 창의적인 업적은 갑작스러운 통찰력에 의한 것이 아니라 오랜 노력 끝에 찾아오게 된다."

이 세 가지의 발견이 콘텐츠 창의성에 시사하는 바는 무엇인가? 창의적 콘텐츠는 어떻게 만들어지고, 창의성은 어떻게 개발할 수 있는가?

관련하여 우리는 창의성을 만들어내는 개인의 동기나 태도가 무엇인가 궁금했다. 이에 대해서는 오타쿠의 특징인 좋아하는 것을 스스로 학습하고 탐구하는 열정, 그리고 장인정신으로 불리우는 파고 또 파고 들기 식의 완벽을 꾀하기, 몰입, 내재적 동기, 그리고 홀로 있는 시간의 중요성 등을 발견 할 수 있었다. 그러나 창의성을 낳는 사회적 분위기나 생태계 역시 중요할 것이다. 그러면 어떤 사회적 맥락이나 환경이 도움이 될까? 문화적 전통 혹은 축적된 지식은 창의적 콘텐츠 생성에 어떤 기여를 할까?

또한 어떻게 창의성을 기를 수 있는가? 창조적으로 되는데 방해가 되는 개인의 심리적 장애물 극복하기, 단계 밟기, 실천하기 등 바람직한 일상의 행동, 습관에서부터 창의성에 도움이 되는 물리적 환경적 요소들은 무엇인가? 그리고 현장에서 콘텐츠 비즈니스에 종사하는 크리에이티브 전문가들은 어떻게 창조 활동을 하는가? 그들은 우리가 모델로 볼 수 있는 최적 과정을 준다. 개인의 아이디어와 현장의 도움, 점검 등의 상호작용을 볼 수 있을 것이다.

둘째, 콘텐츠 비즈니스의 창의성을 구체적인 사례를 가지고 탐구한다. 여러 다양한 성공적 콘텐츠 비즈니스의 사례들을 살펴보겠지만, 특히 미야자끼 하야오의 애니메이션 사례를 선택했다. 작가 개인의 열정, 몰입의 측면, 그리고 그가 활동한 사회적 맥락인 애니메이션 산업 현장의 구조와 다이나믹스는 그들이 생산한 콘텐츠의 창조성과 무슨 관계가 있는가? 그리고 영역과 관련해서 일본의 문화적 전통을 살펴본다. 사회 전반적 분위기의 측면에서 만화, 동인지, 오타쿠를 용인하는 문화를 살펴본다.

셋째, 창의성의 일반 모형을 바탕으로 콘텐츠 창의성에 대한 모형을 그야말로 창의적으로 새롭게 만들고, 콘텐츠 비즈니스를 위한 성공모델을 제시한다.

(2) 콘텐츠 창의성을 위한 여행준비

콘텐츠 창의성 현장탐사를 위해 우리는 짧은 여행을 떠났다. 이 책은 그 여행에서 시작한다. 2004년 가을 우리는 오붓한 대학원 수업을 했다. 학생들은 이른바 창조적 중개자들로서 콘텐츠 비즈니스의 창작인력들이다.

빡빡한 교재와 이론에 질려가던 중간고사 기간 쯤, 우리는 변화를 위해 짧은 책자를 하나 가볍게 읽기로 했다. "크레비즈"에 대한 책이다. 이 책은 일본 도쿄의 사례를 소개하고 있었다. 뜻하지 않게 우리는 강하게 부추김을 당했다. 콘텐츠 창의성 현장을 체험하는 크리에이티브 탐사를 떠나고 싶다. 우리 자신의 잠재적 창의성을 일깨우는 여행을 하고 싶다, 새로움을 찾아서. 문화적으로 풍요로운 환경을 경험하고 싶다.

우리는 단번에 행선지까지 정했다. 시부야로 가자. 이제 "시부야는 지리적 장소보다 창조적 분위기를 지칭"한다. "창조성이 강한 분위기에서 비즈니스를 하기 위한 목적을 가지고 기업인들은 시부야에 몰려 든다"고. "크레비즈의 온상", 시부야를 보여주는 두 세 페이지의 묘사에 우리 모두는 선동을 당했다.

2004년 12월 분주하게 학기를 마감하면서 우리는 만화같은 도쿄 여행기를 돌려 읽었다. 원색의 삽화와 톡톡 튀는 생기 넘치는 짧은 글이 인상적이었다. 웹지기를 자청한 대원이 재빨리 미니 홈피를 열고, 우리는 바쁘게 홈피를 들락날락했다. 콘텐츠 진흥원의 해외 지점인 일본콘텐츠 진흥원 사무소와 연락, 대강의 일정이 잡혔다. 오전 5시 30분 대원들은 어스름한 새벽 찬 공기 속에 차에 올라 인천공항으로 출발했다. 신년을 며칠 앞둔 동짓달 새벽의 출정이었다.

●●● 등장인물 : 창의성 여행 토토로원정대 여섯 캐릭터 ●●●

　여행에서 돌아와 우리는 거창하게 부르자면 집필 회의를 위해 자주 모였다. 늦은 저녁까지 애니메이션을 보고 애니메이션 만드는 과정을 담은 자료를 보기도 했다. 이렇게 함께 본 '지브리 스튜디오는 이렇게 만들어졌다'도 사례 분석에 중요한 통찰력을 주게 된다. 학생 대원들은 이런 시청각 자료를 우연처럼 찾아내고 상연했다. 일본인 자문가와 대담하고, 외부 창의성 연구자와 짧으나마 자문회의를 하기도 했다.

　창의성 여행을 함께한 토토로원정대원들 중 대학원생들은 말 그대로 "오타쿠"들이다. 자신들의 분야에서 자신의 작업에 열정을 쏟아 붓고 몰입한다. 감성과 호기심과 열정을 지닌 콘텐츠 디자이너인 김동규는 매번 색다른 장소를 물색한다. 그의 작품에 자동차가 소재로 등장하는 건 그가 자동차 마니아인 때문이다. 상도 좀 탔는데, 그의 수상작은 당연히 자동차관련 광고이다. 우리 미니 홈피를 예쁘게 만들어서 정성으로 가꾸는 웹 마스터 채수만도 있다. 그는 미야자끼 하야오의 애니메이션 천공의 라퓨타를 보고 또 보고 여섯 번이나 보았다. 그러더니 라퓨타 로봇을 깡통으로 제작하고 네티즌의 관심 속에 일약 떠올라 매스컴의 주목을 받았다. 드디어 그는 3 미터 키의 캔 라퓨터 로봇을 그의 집 정원 연못가에 세웠다. 그는 자신의 캔 로봇을 우리의 수호신으로 임명해 주었다.

우리의 카리카추어를 창조해 준 대원은 캐릭터 디자이너 김은수이다. 그의 일러스트는 눈길을 단박에 끄는 힘이 있다. 단호한 선이지만 그가 창조한 이미지는 이쁘고, 채도가 높아 투명하다. 정수를 콕 집어내고 있다. 피규어 수집가인 그의 수집품은 그의 집 거실과 자신의 방을 꽉 채우고 있다. 그의 컬렉션은 우리 모두에게도 자주 분양되었다.

"무지 크다"를 자신의 이미지를 가지고 있지만 작은 타이포를 사랑한다는 디자인 회사 여사장 조인순. 그녀는 늘 일을 일단 마무리 시켜놓고 우리 모임에 합류한다. 지방 축제 기획, 대학 홍보자료 만들기로 쉴 틈이 없는 사업가다. 그녀의 합류로 이제 성원이 다 되어간다.

이제 토토로원정대 정·부 책임자 2사람만이 남아있다.

교수 전방지와 교수 심상민.

이런 팀이 모이게 되었다는 것 자체가 분명 커다란 행운이었다.

토토로 원정대원 채수만은 천공의 성 '라퓨타'에 등장했던 거인 로봇을 '알루미늄 캔'을 이용해 독창적인 감성으로 재창조해 냈다. 두 달이 넘는 시간 동안 1,500개 이상의 알루미늄 캔을 이용하였다.

2. 창의성 여행, 첫째 날 : 창의성은 무엇인가

* 나레이션

겹쳐진 여섯 개의 횡단보도를 건너는 시부야 군중의 흐름을 따라 시부야를 만나다. 빨간색 거리, 열정이 모이고 열정이 분출되는 곳, 다양한 감성과 취향의 거리. 콘텐츠 비즈니스 밀집 현장의 색채와 조형, 소리와 에너지가 온 몸을 휘감는 낯선 밤거리를 걸으며 우리는 새롭고 다양한 이미지로 포화되었다.

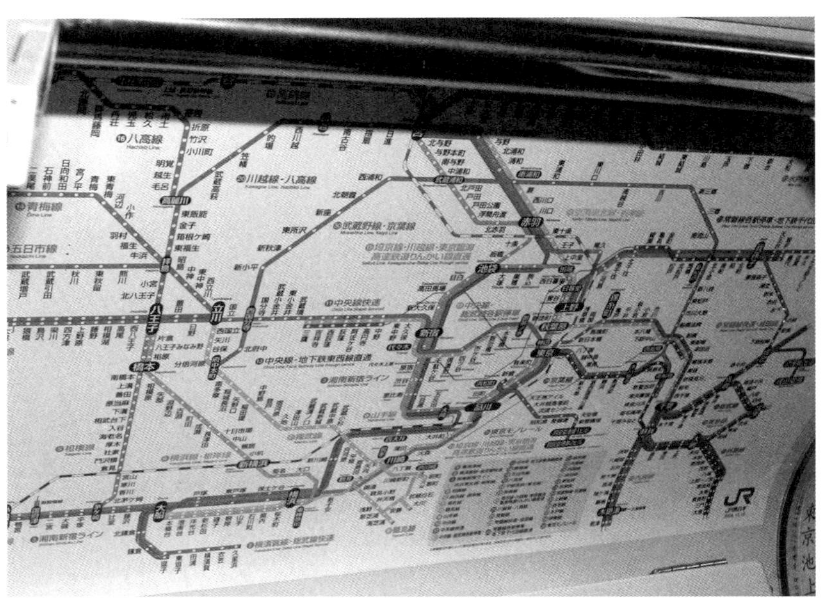

(1) 첫째 날 여행기

캐릭터와 애니메이션, 게임들의 천국이라 불리는 일본, 이제 그 실물을 보러 간다.

예쁜 디자인과 아이디어가 담겨있는 제품을 떠올린다면 우리는 흔히 일본의 제품을 떠올리게 된다. 콘텐츠 창의성이 풍부한 환경을 찾아가는 이번 일본 여행은 출발 전부터 들뜰 수밖에 없었다. 캐릭터와 애니메이션, 게임들의 천국이라 불리는 일본, 이제 그 실물을 보러 간다. 여행 첫날, 인천 공항에 도착해보니 약속시간보다 20분이나 빨랐다. 40분간 공항을 배회하고 있자니 우리 토토로 원정대 일행이 도착하였다. 비행기에 올랐다. 운이 좋았는지 우리 일행은 창가에 앉을 수 있었다.

작아지는 대륙. 우리는 한국을 뒤로하고 일본을 향하고 있었다. 기내식을 먹고 이십 여분쯤 후 우리 눈에 낯선 대지가 들어오기 시작했다. 쭉 늘어 선 바닷가 평야가 우리를 맞이했다.

첫 인상 : 특이한 향취

나리타공항으로 들어오니 뭔가 특이한 향취가 나는 듯하였다. 음 이것이 일본의 냄새인가 보다. 나라마다 독특한 냄새가 난다고하던데 그 말이 사실인가보네… 입국심사 후 공항을 나오니 날씨는 약간 쌀쌀한 정도였다. 때가 12월말, 연말인데 한국보다 더 남쪽이어서인지 기후는 따뜻하게 느껴졌다. 아니 조금 덜 추웠다고

해야 할까. 우리는 호텔이 있는 메구로에 가기 위한 방법으로 리무진버스를 택하였다. 조금 느리지만 일본고속도로 변 풍경을 볼 수 있다는 점을 택하였다. 탁 트인 시야로 우리 여행의 주제인 창의성의 어떤 실마리를 꼭 잡아야겠다는 결연한 의지라는 측면에서 우리는 만장 일치였다. 버스 안은 아주 넓었다. 재미있는 점은 화장실이 차내에 배치되어 있다는 점. 급할 때도 오케이~~랄까. 멀미날 때도 편하겠지.

참, 같은 문화권이지

전철역으로 이동하면서 받았던 느낌 하나. 일본은 좌측통행이 철저하게 지켜지고 있었으며 지나가는 사람들의 표정은 무표정한 모습이 많았다. 도시의 모습은 우리나라의 다른 도시를 여행 하는 느낌이어서 의외로 낯설지가 않았다. 중국만 가보더라도 굉장히 낯선 느낌이었는데… 아무래도 우리나라와 문화권이 많이 비슷하기 때문이라고 생각된다.

역무원의 육성 – 일본 전철의 캐릭터?

시나가와역에서 전철을 탔다. 굉장히 넓은 이 역은 흡사 서울역 같은 분위기가 느껴졌다. 전철을 탈 때 달랐던 것은 전철임에도 역무원이 나와서 안내를 한다는 것이다. 한국이라면 거의 스피커를 사용하고 공익요원이 안전을 위해 안전선 밖으로 유도하는 것 정도인데… 이런 점을 일본 전철의 캐릭터라고 할 수 있지 않나 하는 생각이 든다. 전철에 올라타고 놀란 점이 하나 더 있다. 전철의 운전석이 훤히 보인다는 것이었다.

훤히 보이는 계기판들. 계기를 조작하고 운전하는 모습이 훤히 보인다는 것, 국내의 전차와 결정적인 차이가 아닐까?

철도 마니아가 많이도 나올 법한

관련해서 일본에는 철도 마니아들이 많다고 들었다. 전철의 독특한 캐릭터도 그 이유에 들어가는 한 요소가 아닐까? 사실 곰곰 생각해보면 일본에는 철도를 상품화하고 콘텐츠화한 것이 상당히 많은 편이다. 가정용 게임중에도 〈전차로 Go〉와 같은 전차시뮬레이션이 있기도 하다. 심지어는 전용 콘트롤러까지 존재하는 정도이다. 아울러 일반적으로 알려진 철도 모형뿐만 아니라 피규어 상품도 아주 많이 있다. 맥도날드 해피밀(어린이 셋트로 햄버거를 사면 장난감이 들어있다)의 모빌로 일본신칸센 태엽열차가 헬로 키티와 연동하여 상품으로 나온 적이 있을 정도이다. 이런 현상이 그 유명한 TV 만화영화 '은하철도 999'의 영향이 컸을 테다. 끊임없이 상품을 만들어내서 마니아를 유지하는 것이 일본인들의 특성인가보다. 훤히 보이는 주방과 같은 전철 운전석 안에 앉아 있는 또 하나의 문화 코드. 여성 운전자가 있었다.

갑자기 페미니스트인 미야자키 하야오의 작품들이 이 탈 것, 전철과 오버랩 되는 순간이었다.

시나가와 – 구로자와 아끼라 감독

시나가와 전철역에서 우리는 초록색을 따라 갔다. 우리가 타야할 전철 색깔이다. 여기저기 일본말이 들린다. 낯설지만 전혀 이상하진 않고 친근하게 들린다. 이유야 모르겠지만… 참, 나중에 알고 봤더니, 구로자와 아끼라가 태어난 곳이 시나가와라고 한다. 이 유명한 감독을 나중에 우리는 롯폰기 모리 미술관에서 작품으로 만나게 된다.

이런 저런 생각에 전철을 유심히 관찰해보았다. 일본에서 제일 값이 싼 전철이라고 한다. 일본은 전철회사마다 가격 책정이 다르고 갈아타는 곳이 같은 구역 안에 없고 밖으로 나가 다른 지하로 들어가야 한다. 그렇게 보면 한국보다 배려심이 많은 듯 같아 보이기도 하지만 그래도 전철만큼은 한국이 더 깨끗하고 저렴하다는 게 우리 생각이었다. 제이알(JR)의 내부에 있는 LCD모니터는 내리는 지점을 상세히 표시하고 있었다.

국제도시 동경, 한글도 있다

여기서 또 하나 전철역에서 특이한 점을 찾았다. 안내판에 또박 또박 올린 한글 또한 역사 안에는 일본어, 영어, 중국어, 한국어로 사인이 표기되어 있었다. 흠~ 역시 배려가 있는 일본이다. 그리고 대부분의 역사 안에서 안내원들이 영어를 조금씩은 한다는 것이 역시 일본은 세계적이라는 것을 새삼 느끼게 했다. 이렇게 일본에서 한국어를 보니 매우 반가왔다. 이 부분

은 아마도 문화적 다양성으로 이어지고 이는 다시 창의성의 풍토에도 연결되지 않을까 싶다.

혼자가 아닌 게 아닌 일본인

일본인들은 남에게 피해를 주지도 받지도 않는 그들의 사고방식이 있다고 한다. 남에게 피

〈너무도 정숙한 지하철〉

〈분주해 보이는 일본인들〉

해를 받지 않으려고만 하는 것이 우리의 경우이고 그들은 받지 않으려 할 뿐만 아니라 주지도 않으려 매우 노력하는 듯한 모습을 정말 쉽게 찾아 볼 수가 있었다.

지하철을 이용하려 할 때 지하철에서 핸드폰을 사용하거나 신문을 활짝 펴서 보는 그런 경우는 유명한 얘기처럼 볼 수가 없었고 에스컬레이터를 타고 이동할 때 급한 사람을 위하려 자동으로 왼쪽으로 가지런히 줄을 서서 탔고 실수로 누군가 오른쪽 통행을 막더라도 "실례합니다. 잠시만 지나갈께요" 라는 말도 없이 그 사람이 비켜 줄때까지 또는 끝 지점까지 도착 할 때까지 기다리고만 있던 모습이 참으로 인상이 깊었다. 단순히 내가 본 몇몇 사람만이 그런 것이 아니라 거의 모든 사람들이 그러한 행동을 하였다. 남에게 무언가를 해달라고 부탁하는 것도 실례라고 생각하는 그들의 자세가 한편으론 이상하게도 여겨졌다.

남과 있을 때는 TV 인터뷰처럼

또한 일행과 이동 중 초행길인 만큼 일본인들에게 길을 물어보는 경우가 많았다. 우리는 재미있게 젊은 여성이나 남성들에게 골라서 서툰 영어와 바디 랭귀지로 길을 물어 본적이 몇 번 있었다. 재미있었던 것은 그들은 무언가를 물어 보기 전에는 무표정과 무언가에 쫓기는 듯한 보행속도와 행동을 하다가도 막상 말을 걸면 마치 방송 인터뷰라도 하는 것처럼 밝은 표정과 목소리로 인사와 함께 답변을 해주었다.

눈을 마주치지 말아랏!

우리에겐 역시 상당히 어색한 부분이긴 하지만 몇몇 행동들은 참으로 부러운 그들의 문화였다. 하지만 마음에 들지 않았던 면도 있었다. 그것은 지하철에 처음 탈 때나 거리를 걸을 때나 느껴지는 삭막함이었다. 장사를 위해 판촉행위를 하는 사람 외에는 눈을 마주쳐 본 기억이 없었고 마치 내가 텔레비전 속에 들어와 있는 것 같았다.

일행들과 웃거나 이야기를 하고 이동을 하면서도 마치 우리가 길거리 대장이라도 되는 듯한 느낌이었고 혹은 너무 크게 웃어서 시선을 끌만하였어도 결코 눈길을 주지 않았던 그들의 문화가 어쩔 때는 찰나이긴 하였지만 두렵기도 하였다.

블랙 버드, 그린 타운

메구로에 도착했다. 여기서부터는 탈 것 없이 우리 발로 도쿄의 거리를 걸으며 호텔로 향하였다. 가는 도중 발견할 수 있었던 검은 새. 마치 비둘기처럼 많은 이것은 바로 까마귀 떼였다. 일본의 까마귀 는 우리나라 까치와 같다는 얘기도 들은 적이 있는데 솔직히 까~~악 하는 커다란 울음소리와 덩치가 무서울 정도였다. 이를 두고 일본에는 환경이 덜 오염되어서 도심에도 이런 까마귀떼가 많이 있다는 설명도 있다고 한다. 이 또한 덜 훼손된 자연 환경을 보여주는 심벌이 되고 이는 또 다시 자연과 창의성의 관계로 곧장 내달릴 수 있을 듯하다.

깨끗하고 견고하고 좁고

전철에서 나려 숙소까지 걷는 동안 거리의 깨끗함에 놀라지 않을 수 없었다. 정갈한 느낌이라고 표현하면 적당할까? 아스팔트와 보드블럭만 보더라도 굉장히 견고해 보인다. 그렇게 호텔에 도착하였는데 호텔 프론트의 직원은 공항 직원과는 180도 다르게 우리를 방긋 웃는 미소로 맞이해 주어 일본의 친절함을 호텔에서 처음 기분 좋게 접할 수 있었다.

숙소에 도착해서 조금 놀란 것은 호텔방이 굉장히 좁았다는 점이다. 2평 남짓한 방에 작은 침대 2개와 한사람이 겨우 들어갈 수 있는 욕실과 조그마한 텔레비전, 냉장고 등이 호텔방안의 전부였다. 일본 사람들이 검소하고 집들이 작다는 소리는 들었지만 호텔까지 이럴 줄은 몰라서 조금은 당황스러웠으나 일본에 왔으니 일본식으로 생활해야 하는 것은 당연한 일이라 생각하며 짐을 풀고 30분간 작은 침대에 몸을 맡겼다. 누워서 천장을 보고 방안 구석구석을 살펴보니 견고하고 안정된 느낌이 들었다. 일본의 잦은 지진과 홍수로 건축의 발전이 많이 되어 있는 것을 조그만 호텔방에서 잠시나마 느낄 수 있었다.

캐릭터의 활용이 눈에 띄게 많았다

거울 신, 그 형상은?

일본의 설날에 사용하는 장식인 이 가도마쓰(門松)는 신이 내려올 수 있도록 문 옆에 세워둔 소나무 장식이다. 우리가 갔던 때가 설 일주일 전이라 그런지 복을 부르는 여러 장식이나 가가미모찌 같은 장식물을 수퍼마켓과 여러 가게에서 파는 것을 쉽게 볼 수 있었다. 관련해서 좀 더 알아보았다.

일본에는 설날 풍습으로 '가가미 모찌(鏡餠)'라는 독특한 풍습이 있다. 거울처럼 납작하게 만든 떡을 가가미 모찌라고 하는데, 가가미라는 뜻 자체가 거울을 의미하듯 떡의 모양이 구리거울처럼 생겼다 데서 유래했다고 한다. 일본에서는 예로부터 거울은 신이 사는 곳으로 알려져 왔으며, 가가미모찌의 가가미(鏡)는 비추어보다(鑑みる)라는 뜻으로, 훌륭한 규범과 모범을 삼가 미루어 생각해보라는 뜻이 담겨져 있다고 한다. 그리하여 가가미모찌는 신과 인간을 중개하는 것으로, 새해 첫 날 신에게 바치는 공물로 사용된다. 나무 제기 위에 흰 종이를 깔고 두세 개의 가가미 모찌를 쌓은 후 맨 꼭대기에 곶감, 다시마, 밀감 등으로 장식하는 것이다.

호텔에 도착하니 우리를 맞이하는 것이 있었다. 일본의 설장식 중 하나인 가도마쓰(門松)〈사진〉.

일본에는 이런 식의 독특한 상징물이 무척 많은 것 같다. 신정이 가까워서인지 마트에선 신정용 데코레이션들을 팔고 있었다. 대나무를 아주 작게 혹은 크게 소나무와 데코레이션한 것들과 일본 전통그림을 아주 작은 연처럼 만든 것과 팽이를 아주 작게 만든 것들을 팔았다. 일본에선 전통행사 또한 이렇게 아기자기한 소품들로 장식하나 보다. 우리나라와는 사뭇 다른 풍경이다. 우리는 음식과 설빔으로 행사를 크게 하는데 말이다. 일본은 일본식대로 아기자기한 장식품들로 신정을 맞이하는 것 같았다. 여기 저기 낯선 상점들도 정말 아기자기했다. 이상한 나라의 앨리스처럼 이 곳저곳을 마냥 신기하게 아니 많이 배워가야 했기에 눈여겨보았다.

  우리는 잠시 호텔에서 휴식을 취하고 메구로의 길을 둘러보기 시작했다. 잠시 둘러본 것이었지만 역시 일본 캐릭터의 활용이 눈에 뛰게 많았다. 심지어는 열쇠나 도장을 만드는 가게에서도 마스코트 케릭터가 있을 정도였다. 역시 ~ .

신사를 지키는 고마이아누

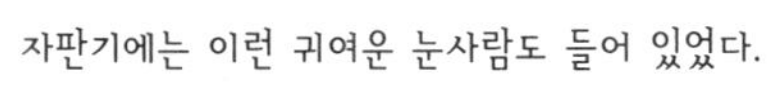
자판기에는 이런 귀여운 눈사람도 들어 있었다.

이래 저래 큰 길도 걷고 골목 안도 들어가 보았다. 신의 나라 일본이라 불리듯이, 시내에도 신사가 있다. 메구르에 있던 신사에는 신사를 지키는 개의 신 이라고도 할 수 있는 고마이누가 있었다.

일본 콘텐츠의 1차 공간, 주택

　우리는 특히 메구로 주택가에서 쉽게 빠져나올 수 없었다. 일본 건축물과 흔적들이 낯설지가 않아서였다. 일본 여행 중 간간히 현대건축물 사이로 보이는 일본전통가옥들을 보면서 반가움마저 느껴졌고 돌아다니던 중 주택가로 들어가서 자세히 관찰해보기도 하였다. 살펴본 일본식 가옥들과 건축양식에는 그들의 전통적인 문화의 성격이 잘 담겨져 있었다.

이 승 만 별 장

충남 천안시 성환에는 국립종축원이라는 곳에 예전 이승만대통령의 별장이 그린벨트안에 있다.
지도에도 나와 있지 않은 곳이고 이 별장은 예전부터 영화나 기타 촬영장소 등으로 이용되던 곳이기도 하다.
비교적 자연 생태계가 잘 보존되어있고 일제시대의 건축물들이 그림처럼 어우러져 사람들의 발길을 끌어 들이고 있는 곳이다. 그린벨트지역이라 보안도 강하고 외부에 공개되지 않은 그런 곳이 한옥이 아니라 일본 전통가옥이라는 사실이 이번 창의성 여행의 심심찮은 얘깃거리가 되어 주었다.

빌딩과 같은 현대건축물에서는 크게는 못 느끼지만 일반적인 주택가에서는 시멘트와 목재를 적절히 사용하고 작은 정원을 아기자기하게 꾸며놓았고 작고 효율적인 공간을 이용하는 그들의 주택별 개인주차장도 인상이 깊었다.

레어급 토끼 인형

메구로를 둘러보다 큰 길 가에서 보게 된 테디베어 가게에도 뭔가 창의성에 관한 실마리가 있었다. 귀여운 인형이 즐비하게 있고 레어(드문 귀중한 물건을 뜻함)급 인형들을 몇 개가 있었는데 그중 전시된 중앙의 토끼인형이 눈길을 확 끌었다. 써 있는 가격이 9만5천엔(한화로 100만원 정도).

어린왕자 인형도 희귀하고도 고귀한 이미지를 물씬 풍겼다.

빨간색 시부야 - 캐릭터의 거리, 오타쿠의 거리

우리는 메구로에서 전철을 타고 시부야로 갔다. 이미 저녁 시간도 지났다. 드디어 시부야다. 평일에도 많은 사람들로 붐비는 시부야의 색깔은 정열의 빨간색이라고 표현하고 싶다. 시부야가 보여주는 창의성의 모습은 열정, 욕망, 젊음, 다양성이다. 이곳은 창의성의 용광로, 아이디어와 상품의 밀집지, 첨단 유행의 거리이다. 곳곳마다 다양한 캐릭터가 사람들에게 얼굴을 내밀고 있으며 또한 사람들도 각각의 한 개성으로 자신을 캐릭터화 시키고 있었다.

전광판이 화려한 시부야의 야간 전경

전광판이 매우 많은 시부야 거리

시부야에서는 역근처에 횡단보도가 6개가 겹쳐있는 것을 볼 수 있었는데 신호가 바뀌자 수 많은 사람들이 6개의 횡단보도를 건너는 행렬이 장관이었다. 무엇이 이 거리에 사람들을 몰려들게 할까? 시부야에는 여느 중심가와 같이 많은 쇼핑센터와 음식점이 즐비하게 있었고 문화생활과 직결되는 극장과 음반센터, 게임센터, 대형서점 등이 모여 있었다. 이런 조화가 다양한 취미생활과 또 그 취미생활이 직업이 되어버린 젊은 오타쿠들이 시부야를 찾는 것이 아닐까?

미꾸라지 정찬

먼저 주린 배를 채우기위해 식당을 찾았다. 일본의 고유성, 전형성을 기준으로 식당을 찾아 헤맸다. 딱 봐도 일본틱한 아이템이 돋보이는 미꾸라지 전문점을 찾았다. 요리들이 전부 미꾸라지를 재료로 한 음식이란다.

음식을 시키려고 하니 그림과 연결이 안 되어 문 앞에 있는 모형을 보러 일행 한 명이 볼펜과 수첩을 들고 나갔다. 그랬다가 다시 불러 들어오게 했다. 아니 이럴 수가… 웨이트리스 중 한 명이 한국말을 할 줄 알았다. 역시 한국의 위상이 올라가긴 올라갔는가보다. 한국말을 할 줄 아는 사람을 첫 번째 가게에서 만나다니… 하는 생각들을 하며. 우선 우리는 찌개를 하나 시켰다. '나베'라는 찌개였는데 그저 우린 찌개인줄 알았지 이것이 조림일 줄은 몰랐다. 그 밖에 튀김, 사시미, 나베 등을 더 시켰다. 나온 찌개라는 것이 아주 장난감 같이 생긴 아담한 냄비에 담아져 나왔고, 기타 등등도 따라 나왔다. 그런데 밥은 다른 것에 비해 푸짐하게 담아 나왔다. 쌀 맛이 좋았다. 하지만, 반찬과 요리들은 한국식과 비교한다면 인색하기 그지 없었다.

찌개를 끓이는 도구도 특이하게 생겼다. 일행 중 누구는 추어탕은 먹지만 이렇게 몸이 그대로 보이는 미꾸라지는 먹지를 않는다고 하는데 하필 이런 것이 나왔다… 쩌업~ 배고픈데 가릴 것이 있나, 그냥 다들 맛있게 먹었다. 새로움을 받아들인다는 각오로 그렇게 미꾸라지를 먹었다. 한국에서는 절대로 통 미꾸라지를 먹지 않던 사람도 물론 게걸스럽기까지 하게 잘 먹었다.

센과 치히로의 행방불명 장면처럼

그곳 가게의 모습은 아기자기 했지만 사람들은 한국보다는 조용히 수다를 떨며 술을 마셨다. 센과 치히로의 행방불명에 나오는 사람들처럼 그저 자기들 자리에서 먹고 그러다가 일어나서 나가곤 했다.

이 집은 술집도 겸하고 있어 이른바 1, 2차 복합 공간인 셈이다. 우리는 창의성 탐험이라는 미션을 잠시 잠재운 채 이국의 별미, 미꾸라지 화덕 노변의 정담 속으로 빠져 들어갔다.

우리는 한국식으로다가 오래 앉아서 담화를 나누려고 했는데, 주인의 권유로 나와야했다. 자리가 없어서 줄을 서서 기다리는 사람들이 있어서였다. 사람이 워낙 많은 동네여서인지, 아니면 이집이 인기 있는 집이어서인지 좀 서운했지만 나왔다.

시부야 밤거리, 혼자서 외치는 홍보맨

든든히 속을 채우고 나와 둘러본 시부야의 거리에서 처음으로 본 길거리 홍보맨과 특이한 복장이 우리에게 와 닿았다. 복장은 노란색상의 전통가운과 같은 의상을 입고 허리높이만한

시부야거리에서 본 홍보맨

시부야의 밤거리

사다리에 올라가 한손에는 자신의 체구만한 광고판과 다른 한손에는 플라스틱으로 된 빨간 확성기로 무언가를 쉴 새 없이 외치고 있었고 그 주위는 무관심하게 눈길한번 주지 않고 지나가는 사람들을 쉽게 볼 수 있었다.

결코 평범한 판촉활동이 아닌 데에도 대중은 눈길한번 주지도 않고 지나가도 홍보맨은 원래 그러려니 하건서 목이 터져라 외쳐대고 물론 한국도 마찬가지이지만 우리나라의 시민의식보다 더 차가운 것 같았다. 한번쯤은 시선을 주고 나누어 주는 전단지를 받아주는 것이 괜찮을 텐데 왜 그리 냉정한 것인가? 시부야의 거리에서만 본 모습은 아니었고 이케부쿠로와 거의 모든 곳의 홍보맨과 대중들은 그러했다 .

아주 작은 상품들

일본은 역시 작은 물건을 만들 수밖에 없는 나라라는 것을 여행 첫날에 느꼈다. 소니 워크맨이라는 것이 나왔고 전 세계를 제패할 수밖에 없었다는 생각도 들었고 사람들이 너무 친절하고 또 남에게 피해를 주지 않으려는 그 마음을 느꼈기 때문에 그 배려심에서도 작은 것들을 만들고 견고하게 만들고 '내가 이것을 돈 주고 팔건데 허술하게 만들면 안되겠다' 하는 그런 마음가짐이 나오지 않았을까? 우리나라 사람들은 솔직히 스케일은 크다. 일본보다는. 그렇지만 일본은 아주 작아도 그 한정된 공간에 다 있다. 오밀조밀하게 여러 가지가 아주 작게 포장되어있는 것들이 많았고 그리고 우선 신년을 준비하는 대나무라던지 여러 가지 일본 전통적인 상품들을 일일이 진열하여 파는 것이 아주 새롭다. 우리나라 같으면 정월에도 아기자기한 팬시제품을 그다지 많

이 파는 것이 아닌데 역시 일본은 팬시문화가 발달을 하였구나 그런 생각을 해 본다.

간판은 도시다

우리나라에서는 중심가를 돌면 엄청나게 많은 간판이 우리의 눈을 피곤하게 하지만 일본은 간판공해가 비교적 없는 편이다. 이것은 어쩌면 사람들이 거리로 더욱 편안하게 나올 수 있게 하는 요소 중에 하나일지도 모른다.

일 본 풍 경 : 간 판

Q : 일본의 간판이나 일본 지하철의 시민들의 굳어진 표정과 삭막한 분위기…

A : 간판에 대해서 제가 거꾸로 한국에 대하여 느낀 것을 이야기하겠습니다.

처음에 간판을 보았을 때 한글이 외국인에게는 엄청난 중압감을 주거든요. 동그라미하고 세모하고 네모하고 그런 것이 많았고 그것도 간판이 직면적으로 씌여져 있는 것이 아니고 있는 공간을 최대한 적용하면서 사용하잖아요.

그러니까 "ㅁ"자도 사각ㄱ형 면적인데 간판의 면적 "ㅁ"자는 막대형의 네모가 되잖아요 그런 것이 엄청난 중압감을 줍니다.

지나치게 호소하는 느낌을 주는데 처음에는 한국의 간판에 지나친 호소성과 밤이 되면 네온이 들어오잖아요 그런 것이 익숙하지 않았는데 전에 강남을 가보니까 그런 간판들이 오히려 많지가 않더라고요

무언가 각각의 개성과 감각적인 간판이 압구정동이나 청담동에 많았고요

이런 것들이 지역차가 있지 않나 생각이 되고요

〈자료:도도로끼 히로시상과의 대담〉

*도도로끼 히로시상은 서울대학교 대학원 지리학과에서 한국의 옛길을 주제로 박사학위를 받은 한국문화 연구자이다. 그는 자신이 어릴적부터 일본 애니메이션의 영향을 받아 '기차마니아'가 되었다고 설명해 주었으며, 이번 창의성 여행 기간 동안 많은 자문을 해주었다.

시부야- 다양성의 거리

일본에도 물론 유행이 있겠지만 그것은 작은 아이템 하나 하나일뿐 전체적인 모습에서 대중적인 유행은 찾기가 힘들었으며 그들의 감성과 취향은 실로 엄청나게 다양하다는 것을 감히 겉모습에서 나마 읽을 수 있었다.

역시 피 흘리는 게임

여기저기를 방황하며 여섯 명의 대원들은 앞 골목, 뒷 골목 휘젓고 콘돔가게, 게임방 등등을 전전하며 일본을 느꼈다. 거리에 일본인이 아닌 외국인들도 많이 눈에 띄었다. 아주 색다른 샵을 가길 원했지만, 그런 샵을 쉽사리 찾을 순 없었다. 어떤 모험이나 위험이 도사릴지도 몰랐기 때문에 막상 아무 곳이나 들어가진 못했다. 도중에 오락실에 잠시 머물렀다. 센서로 작동하는 검을 가지고 화면의 무사들과 싸우는 게임을 해 봤다. 역시 피를 흘린다. 이런 걸 보면

> **"**
> 시부야~화려한 게임장 간판, 레코드가게,
> 음식점들, 옷가게들, 전자용품가게 등등
> 다양한 가게들
> **"**

일본이 우리 한국 다 버려 놨다는 생각도 든다. 이런 살인적인 게임들로 말이다. 그런대로 잘도 하는 은수(고양이 남작)덕에 게임을 재미나게 봤다. 전자오락의 종류가 참으로 많다는 것을 거기서 새삼스레 느꼈다. 한국에 들어오지 않은 신종게임에서부터 있는 것들까지. 인형 뽑기는 일본이 원조인지 여기저기 많이도 보인다.

아주 다채로운 건물 벽 유리에 하는 조명 싸인

미니 과일가게에서 귤을 샀다. 일본의 귤도 제주도 산인가? 맛이 똑같다. 우리가 찾은 과일과게는 좀 색달랐다. 생과일을 팔면서 생과일주스와 아이스크림도 함께 팔았다. 옆에는 자그마하게 미니 테이블도 있고, 과일을 씻을 수 있는 세면대도 있었다.

세이부 백화점을 옆으로 하고 복잡한 횡단보도를 지나 우리는 거기서 사진을 찍었다. 시부야의 중심… 삼성 전광판이 아주 크게 보였고, 여기저기 별무리와도 같은 싸인들이 빛을 발하고 있었다.

건물 벽 유리에 하는 조명 싸인이 아주 다채로왔다… 역시 싸인도 발달한 나라가 일본이구나 하는 생각이 들었다. 우리는 조금 더 걷다가 다시 녹색 제이알을 타고 메구로로 돌아왔다.

(2) 학습내용

❶ 창의성이란 무엇인가?

* 창의성은 새롭고 적절한 것을 생성해낼 수 있는 개인의 능력이다.
* 창의성은 세요소의 상호작용이다.
* 창의적인 개인은 어떤 사람인가?

시부야의 밤 거리는 새롭고 다양한 이미지로 가득 찬 세계였고, 열정과 에너지가 모여들고 분출되는 공간이었다. 우리는 바로 이러한 에너지와 열정, 그리고 그것의 산물을 찾아 이 곳에 왔던 것이다. 첫째 날 시부야 탐사를 마친 흥분 속에 우리는 과연 창의성이란 무엇일까라는 질문을 끊임없이 던졌다.

창의성은 무엇인가, 그리고 창의성을 발현시키는 특징이 무엇인가에 대해서는 그동안 많은 연구가

이루어져왔다. 그러나 창의성 연구의 뚜렷한 획을 그은 칙센트미하이도 그의 책 〈창의성의 즐거움〉에서 인정하고 있듯이 창의성이라는 말이 가리키는 의미는 너무도 다양하여 혼란이 빚어지고 있는 상태이다. 〈Creativity (1996):창의성의 즐거움〉은 우리가 이 책에서 창의성을 이해하는데 결정적인 영향을 미친 저작이다. 칙센트미하이의 창의성 연구는 우리의 창의성 일반에 대한 이해의 시각을 제공하고, 콘텐츠 창의성을 분석하는 우리의 틀을 개발하는 기초를 마련해 주고 있다.

가. 창의성은 새롭고 적절한 것을 생성해낼 수 있는 개인의 능력이다

현재 창의성의 정의에 대해서 합의가 이루어진 바는 창의성이 새롭고 적절한 것을 생성해낼 수 있는 개인의 능력이라는 점이다. 과연 창의성이란 무엇인지, 그리고 창의적 인물은 어떤 사람인지 여기서 살펴보자. 이제까지의 연구동향에 대해서는 심리학의 기존 경험적 연구를 검토하고 있는 최인수(1988)와 칙센트미하이와 함께 창의성 연구의 새 장을 연 하워드 가드너의 〈Creating Minds(1993): 열정과 기질〉에 주로 의거하고 있다.

창의성에 대한 기존의 연구는 여러 가지 측면에서 창의성을 정의하고 있는데, 크게 보면, 창의성에 대한 연구는 심리적 연구와 역사적 연구로 나누어 볼 수 있다. 창의성 연구를 주요 강조점에 따라 4P로 구분하는 방법도 크게 이 두 범주로 다시 구분할 수 있다. 즉, 창의적 사고과정(process), 창의적 인물(person)의 특성은 심리적 창의성의 측면에 해당하고, 창의적 산출물

(products)과 창의성의 평가과정(persuasion)은 역사적 창의성의 측면으로 볼 수 있다.

심리적 창의성 연구는 창의성을 개인의 심리적 특성으로 규정한다. 창의성을 낳는 인간의 인지능력과 개인적 특징이 무엇인지가 연구의 관심사이다. 기존 연구는 주로 이러한 심리적 주제에 대한 탐구가 주류를 이루었다. 한편, 역사적 창의성 연구는 창의성의 정의 중 시대적 적절함이 있어야 함을 강조하는 연구이다. 누구에게 적절한가, 무엇보다 적절한가를 판단하는 과정에서 사회문화적 맥락을 함께 고려하는 입장이다. 한편, 하워드 가드너는 〈Creating Minds: 열정과 기질〉에서 창조성 연구 방법을 심리측정학적 접근법, 인지적 접근, 성격과 동기부여 접근법, 정신분석학적 관점, 행동과학의 관점, 내재적 동기, 역사계량학적관점으로 나누고 있다. 그가 구분하고 있는 앞의 다섯 가지 접근법은 개인의 심리에 보다 치중하는 심리학적 창의성 연구 방법에 속한다고 볼 수 있겠다.

나. 창의성을 낳는 인간의 인지능력과 개인적 특징

1) 창의성은 다양하고 폭넓은 반응을 불러 일으키는 사고능력, 다양한 연상을 하는 경향이다
-심리측정학적 접근법 -

심리학자 조이 길포드(Joy Guilford) 이래 이루어진 창의성에 관한 과학적 연구에서 창의성 핵심개념은 확산적 사고(divergent thinking)였다. 확산적 사고는 유연성, 다산성, 독창성을 특징으로 하는 사고 방식이다.

표준적인 지능 검사에 의해 똑똑하다고 인정된 사람들은 주어진 자료나 문제에 대해 항상 올바른 (어쨌든 상투적인) 대응법을 생각해 낸다. 반면, 창의적인 사람들은 어떤 자극을 받거나 문제를 보면 자주 다양한 연상을 하는 경향이 있으며, 그 중 일부는 매우 유별나고 엉뚱하기까지 한 반응을 보이기도 한다. 창의성 검사의 표준적인 항목은 대개 벽돌의 용도를 얼마나 많이 생각할 수 있는지, 하나의 이야기에 어느 정도까지 다양한 제목을 붙일 수 있는지, 추상적인 선화를 얼마나 다양하게 해석할 수 있는지 묻는다. 심리측정학적으로 창조적인 사람은 이러한 질문에 대해 언제나 다양하고 폭넓은 반응을 보이는 법인데, 다른 사람들의 경우에서는 거의 찾아보기 힘든 기묘한 반응이 나올 때도 있다.

한편, 창의성은 지능과는 다르다. 창의성과 지능은 서로 관련되어 있지만, 지능이 우수하지 않아도 창조성이 풍부한 사람이 있으며, 그 반대의 경우도 가능하다. IQ가 120을 넘으면 심리측정학적으로 지능은 아무 상관이 없는 것으로 밝혀졌다. 창의적 지능검사의 종류로는 토렌스의 창의적 검사인 TTCT(Torrence tests of Creative Thinking)와 같은 확산적 사고를 측정하는 검사가 있다.

2) 창의성은 가능성 있는 문제와 해답의 '공간'을 찾아내는 능력이다-인지적 접근

인지과학자들은 창조적인 사람들이 어떤 방식으로 가능성 있는 문제와 해답의 '공간'을 찾아내는지 보여 주었다. 창조적인 사람은 바로 이 공간 안에서 당면 문제에 적합한 접근법과 해답의 실마리를 찾으며, 효율적으로 에너지와 시간을 배분하여 단계적으로 탐구해나가고 더 철저한 연구가 필요할 때와 손을 뗄 때, 그리고 연구를 지속할 때를 결정한다. 좀 더 일반적으로 말하면 자신의 창조과정을 스스로 반성하는 것이다. 몇몇 인지과학자들은 특히 재즈 즉흥 연주나 상상적 글쓰기와 같은 분야에서 바로 이러한 원리가 작용함을 보여 주었다.

3) 창의적인 인물은 특정한 성격적 특성과 동기를 가진다

창의성과 관련된 성격적 특성에 관한 연구에 따르면 창의성을 발현을 위해 필요한 안정적이고 핵심적인 성격특성이 몇 가지 있다. 즉, 그것은 심미적 특성에 대한 관심, 광범위한 흥미, 어려운 문제에 대한 집착, 넘치는 활동 에너지, 판단의 독립성, 자율성, 통찰력, 자신감, 개방성 등의 성격특성이다. 이 중 공통적으로 항상 나타나는 다섯 가지 특성은 애매모호함에 대한 참을성, 인내, 새로운 경험에 대한 개방성, 기꺼이 모험을 하려는 정신, 그리고 스스로에 대한 확신이다. 버클리 성격연구소의 연구에서는 창조적인 건축가들은 그들보다 창조성이 부족한 동료들에 비해 독립심과 자신감, 관습에 얽매이지 않는 태도, 기민함, 기꺼이 무의식에 내맡기는 성향, 야망, 일에 대한 집중력 등의 성격적 특성이 훨씬 풍부한 것으로 나타났다.

4) 창의성의 동기는 리비도적 쾌락과 오이디프스적 쾌락이다 – 정신분석학적 관점

프로이드는 창조적인 행동의 원동력과 의미는 창조자 본인은 말할 것도 없고 그가 속한 공동체 사람들에게도 숨겨져 있는 경우가 많다고 보았다. 프로이트에 의하면 창조적인 인물은 리비도 에너지의 상당 부분을 승화시켜서 글을 쓰거나 그림, 작곡, 혹은 과학 탐구와 같은 '2차적인' 목적을 추구한다. 예술가는 권력과 부를 갈망하지만 이것을 직접 얻을 수가 없기 때문에 창조행위에서 안식처를 구한다는 것이다.

개인이 창조활동을 하는 것이 주로 물질적인 보상 때문이라고 보았다는 점에서 미국의 행동과학학파는 프로이트의 정신분석학파와 의견과 맥을 같이 한다. 스키너(B F., Skinner)의 행동과학적 관점에서는, 사람들이 창조행위에 나서는 것은 이전에 보상을 받은 경험이 있거나 긍정적인 강화가 주어졌기 때문이라고 본다.

5) 창의성은 내재적 동기화의 경험이다

고전적인 심리학의 설명과는 반대로, 테레사 아마빌라(Teresa Amabile)는 사람들이 외적인 보상을 노릴 때보다는 순수한 즐거움만으로 행동할 때 창의적이 된다고 주장한다. '독창성'을 기준으로 우리의 행동이 평가받는다는 것을 알고 있으면 오히려 행동의 반경이 좁아진다. 즉, 비교적 상투적인 결과만을 얻는다. 반면에 그런 평가가 없을 때는 오히려 창조성을 자유롭게 북돋는 효과를 내는 것이다.

다시 말하면 내재적 동기화란 외부적 보상없이 그 행동자체가 주는 보상감을 위해 어떤 일을 하는 것으로 기쁨, 흥미, 호기심, 과제에 대한 관심이 그 핵심이다. 흥미, 열정, 일에 대한 사랑, 플로우 상태 등을 경험한다.

한편 물질적 성공이나 사회적 인정같은 외재적 동기원들은 방해요소라는 증거는 없다. 인지평가이론에 의하면 외적 보상이나 자극을 개인이 어떻게 인지하느냐가 중요하다. 이미 충분한 내재적 동기가 있다면 외재적 동기는 하 나의 유인으로 작용할 수 있다는 주장도 있다.

6) 창의적 인간은 발달심리학적 측면에서는 다음과 같은 특성을 가진 사람들이다

아동, 청소년기에 이들은 사물에 대한 비상한 호기심과 그 호기심을 구체적으로 충족시키기 위한 굳건한 결단력을 가진 아동, 청년이다. 이들의 부모는 창의적 인간의 역할 모델로서, 창의성을 일깨우는 지적, 문화적 자극의 제공자로서 중요한 영향을 끼친다. 출생 순위 상 장자가 많다. 부모 중 한 명, 특히 부친을 10세 이전에 잃는다. 이들은 높은 지적 자신감, 높은 동기, 탁월한 의사소통 능력, 심리적 건강성, 다재다능, 집중력 등을 특징으로 하는 아동이다.

성인기에 들어서면, 창의적 인물은 최소한 한명이라도 사회적 정서적 지지자를 갖고 있다. 프로이드, 아인슈타인, 간디 등을 연구한 하워드 가드너는 이들에게 편안함을 제공해주는 정서적 지지자와 자기의 획기적 발견의 본질을 이해해 주는 인지적 지지자를 각고 있었다고 지적한다. 창의적 인물은 스승, 멘토의 영향을 크게 받는다. 스승은 지적 보살핌과 도전적 욕구를 자극하는 심리적인 역할과 현장에서 적극적인 후원을 하는 사회적 역할을 한다.

❷ 창의성은 세 요소의 상호작용이다

우리는 창의적 현상을 놓고 창의적 개인에 창의성에 귀인하는 경향이 있다. 아, 그 천재의 작품. 그 천재적 감독의 작품. 아, 그 재능있는 화가의 그림! 창의성은 어느 창의적 개인의 재능이나 천재성의 산물인가?

칙센트미하이는 창의성을 발휘하는 데에는 개인의 창의적인 성향만으로는 부족하다고 주장한다. 그의 발견에 따르면, 창의성을 이루는 데는 세 가지 요소가 필요하다. 이러한 주장은 이제까지 개인의 특성으로 창의성을 규정해온 창의성 연구의 흐름을 일시에 바꾸는 획기적인 사고의 전환이라 할 수 있다. 세 가지 요소는 다음과 같다.

- 일련의 상징과 규칙과 절차로 이루어진 영역(수학은 하나의 영역이다) 즉, 상징적 지식.

- 영역으로 가는 길목에서 문지기 역할을 하는 사람들로 구성된 활동 현장.
  새로운 아이디어나 창작물을 그 영역 속에 포함시킬 것인지 아닌지를 결정하는 것
  (미술교사, 미술관장, 미술 수집가, 비평가, 문화 재단, 정부기관)

- 개인 창의성은 어떤 사람이 음악, 공학, 수학과 같은 주어진 영역의 상징을 사용해서
  새로운 사고나 새로운 양식을 발전시키면, 적절한 현장이 그러한 새로움을 선택해서
  관련 영역에 포함시킬 때 가능해짐. 새로운 영역을 만들어 내기도 한다.

이와 같은 관점에서 볼 때 창의성이란 다시 정의되어야 한다. 즉, 창의성은 그냥 새로운 것이 아니라

"기존의 영역을 변화시키거나 기존의 영역으로부터 새로운 변형을 만드는 행위나 사고, 또는 작품"

이다. 새로운 노래, 새로운 사고, 새로운 기계는 창의성에 의해 만들어진다. 또한 창의적인 사람이란

"한 영역을 변화시키거나 새로운 영역을 만들어내는 사고나 행위를 하는 사람"

이다. 그러니까 중요한 것은 어떤 사람이 창조해낸 새로움이 영역에 포함되는 일이다.

그것은 기회와 인내심, 그리고 적재적소에 있었던 행운의 결과일 수 있다. 창의성은 개인이 시작한다고 말할 수 없다. 창의적 성취를 이룩한 사람들은 그들이 태어나기 전부터 시작된 사상과 행위의 흐름 속에 있다가 그 한가운데로 발을 들여놓았을 뿐이다. 다시 말하면 거인의 어깨 위에 올라서는 것이다. 행운과 적시적소의 위력이 큰 반면, 실제로 개인의 힘은 빈약하다. 개인의 창의적 성향은 어떤 영역을 변화시킬 만한 새로움을 만들어내는 일에 필요한 조건이 될 수는 있지만 필요충분조건은 될 수 없다.

이와 같은 의미의 창의성은 똑똑함이나 독창성과도 다르다. 색다른 생각을 표현하고 재미있고 톡톡 튀는 사람, 특별히 명석하게 보이는 사람. 말재주가 좋은 이런 사람들은 다양한 관심

을 갖고 있으며 이해가 빠르다는 점에서 창의적인 사람이다. 그러나 그런 사람들은 지속적인 의미를 지닌 어떤 일에 기여하지 않는다면 창의적이라기보다는 똑똑하다. 그러면, 새롭고 독특한 방식으로 세상을 경험하는 사람이 창의적인가? 그들은 감각이 신선하고 통찰력이 뛰어나며 스스로 중요한 발견을 했다고 믿는다. 그런데, 그런 사람들은 독창적인 사람이다. 칙센트미하이는 이런 독창성과도 창의성을 구분하고 있다. 똑똑하거나 독창적이지 않더라도 창의적인 공헌을 할 수 있다.

하워드 가드너의 표현도 유사하다.

> "창의성은 새로운 유형의 작품을 제작하는 것, 혹은 지금까지 무시하거나 알려지지 않은 새로운 문제 의식이나 주제를 발견하는 것과 관련된다."

그리고, 여기서 중요한 조건은

> "창조적인 행위는 특정한 문화에서 받아들여질 때에만 제대로 인식된다"

는 점이다.

그래서, 창의적인 인물이란

> "어떤 분야에서 처음에는 참신하게만 여겨지지만 종국적으로는 특정한 문화권에서 널리 받아들여지는 방식으로 문제를 풀고 작품을 창조하고 새로운 문제를 정의하는 사람"

을 말한다.

가드너는 칙센트 미하이와 같은 관점에서 창의성의 위치를 정한다. 개인은 내부에 어떤 부양의 대가가 될 만한 소질을 싹으로서 가지고 태어나는데, 이것만으로는 창의성이 발휘되는 성인으로 성장해 가지 못한다. 우선 그러한 소질을 심화하고 강화시킬 수 있는 적절한 일의 체험기회(교육, 훈련 등)를 필수적으로 가져야 한다. 그리고 이러한 체험의 과정에서 타인(가족, 친구, 경쟁자, 후원자 등)으로부터 격려와 지원을 받는 의미있는 인간관계가 형성되어야 한다는 것이다.

창의성을 발휘하고자 하는 사람은 창의적인 체계 안에서 움직이면서 그 체계를 자기 것으로 만들어야 한다. 다른 말로 하자면 영역의 규칙과 내용 뿐 아니라 현장이 선택하고 선호하는 기준에 대해 알아야한다. 작가가 스스로 창의적인 작품을 쓰기 위해서는 읽고 또 읽고 하면서 좋은 작품에 대한 비평가들의 기준을 알아야 한다. 현장의 기준을 체득하는 일이 중요하다. 그래서 이건 쓰레기야 라고 말하면서 버릴 수 있어야 한다. 무엇이 쓰레기인가하면 쓸모가 없거나 진부하거나 구체화될 수 없는 그런 것들이다. 그리고 이러한 판단은 훈련의 문제이다.

이렇게 창의성을 정의하면, 창의성은 새롭고 적절한 것을 생성해낼 수 있는 개인의 능력이되, 중요한 점은 이 적절성은 사회적인 맥락을 떠나서는 판단할 수 없다는 점이 중요하다. 창의성을 제대로 이해하기 위해서 심리학의 연구뿐 아니라 사회학적 연구가 필요함을 알 수 있다. 이러한 관점에서 관심 사항은 창의성은 어디에 존재하는가가 되고, 이런 모형을 창의성의 소재모형이라 부르기도 한다. 이러한 연구는 천재적 개인의 특이성 연구나 다른 천재들과의 공통적 특성 연구의 두 갈래로 나뉘어 지는 창의적 개인에게 초점을 맞추는 전통적인 연구와는 전혀 다른 관점의 연구이다.

창의성에 대한 이러한 정의는 적절성에 대한 기준을 매우 높인 정의로 보인다. 이러한 창의성은 소위 "진정한 창의성"이라 불리우는데, 이는 일상생활의 창의성과 구분되는 창의성이다. 그렇다면 평범한 사람도 창의성을 발휘해 더 나은 삶을 영위할 수 없는가? 물론 가능하다. 창조적 대가의 삶의 방식을 따라 우리 모두는 창조적인 삶을 살 수 있는 창조적인 잠재력을 가진 존재이다. 칙센트미하이는 그의 연구의 대상으로 위대한 창조자만을 선택하여 연구하지만 그와는 별도로 우리가 일상생활에서 창조적인 삶을 살 수 있는 실천적 노하우를 제시해주고 있다.

❸ 창의적 인물은 어떤 사람인가?

이렇게 보면 이른바 '뜬 사람'이 창의적인 사람인가? 칙센트미하이에 따르면, 새로움을 창출하기 위해 반드시 갖추어야 할 성향은 없다. 거의 모든 상황에 적응하고 손에 잡히는 것은 무엇이든 허용하는 능력이 다르다면 다른 능력이다. 성격, 스타일, 인간관계 공통점이 없다. 외향적 성격일 수도 있고 내향적 성격일 수도 있다. 오히려 창의성을 촉진시키는 성향으로는 좀 다른 종류의 특성이 중요한 것으로 여겨진다.

가. 어떤 영역에 대한 유전적인 소질이 있는 사람 – 흥미, 호기심, 재미를 느끼는 사람이다

어떤 영역에 소질이 있다면 거기에 좀 더 깊은 관심을 갖게 되고, 더 많이 배울 것이며, 따라서 음악이나 미술에서 훨씬 수월하게 창의성을 발휘할 수 있는 위치에 서게 된다. 창의성의 발휘는 어린시절의 재능과는 그다지 관계가 없다. 그러나 어떤 영역에 뛰어난 감각을 타고난 덕분에 일찌감치 흥미를 갖게 될 수 있다는 것은 분명 창의성을 위한 중요한 조건이다. 즉, 호기심과 놀라움, 재미를 느끼는 일. 경험에 대해 열려 있고 주변 환경 속에서 일어나는 일에 주의를 기울이는 것은 잠재적인 새로움을 인식할 수 있는 커다란 장점이다.

나. 물질적, 환경적인 혜택을 누리는 사람이다

창의적인 사람이 되기 위해서는 주어진 영역에 대해 배울 수 있어야 한다. 그러므로 문화자본을 보유한 사람, 흥미로운 책, 자극을 주는 대화, 기대와 본보기, 가정교사 등의 갖추어진 환경은 유리한 환경이다.

또한 장소의 면에서는 다양한 문화가 교차하면서 여러 신앙과 생활방식과 지식 등이 한데 어우러져, 사람들이 좀더 자유롭게 새로운 사고를 수용할 수 있는 곳이 유리하다. 획일적이고 경직된 문화 속에서 새로운 사고방식이 싹트기 위해서는 그만큼 더 많은 집중력이 요구될 것이기 때문이다. 창의성은 새로운 사고가 수월하게 인정을 받는 곳에서 좀 더 수월하게 발전한다.

관련 분야의 전문가들에게 알려지지 않고, 인정을 받지 못하면 창의적이 될 수 있는 무언가를 성취하기 전까지 매우 힘든 시간을 보낸다. 새로운 정보나 연구할 수 있는 기회를 얻지 못할 수도 있다. 지적 공동체를 형성하여 여기서 활발하게 활동을 하는 것이 창의성의 발휘에 유리한 조건이다. 우연이나 좋은 연줄을 만나 현장접근이 쉬워질 수도 있다.

라. 복합적인 성향이 특징이다

기존 연구들은 창의적 인물에게서 이런 저런 성격적 특징을 찾아내어 프로필을 그린 바 있으나 사실 창의적인 인간의 특징이라고 볼 수 있는 성격의 집합을 구분해 낼 수는 없다는 것이 칙센트미하이의 주장이다. 그보다는 창의적 인간은 대립되는 성격들이 조화된 사람들이라는 점에서 특이하다. 이런 사람들은 상황에 따라 다른 모습을 보인다. 그림자를 인정하는 융의 성숙한 인격과도 통하는 성격의 소유자이다. 이런 창의적인 사람들은 창조과정자체를 즐기는 능력을 가진 사람들이다. 양면성을 활용하여 우리가 창의적이라고 부르는 새로움을 창출해 낼 수 있다는 얘기다.

창의적인 사람들의 10가지 복합적인 성향

1	활력 · 조용한 휴식.
2	명석, 천진난만 – IQ 확산적 사고 · 그리고 추구한 가치가 있음을 인식하는 수렴적 사고가 중요.
3	장난기 · 극기, 책임 · 무책임이 혼합된 모순적 성격, 느긋한 태도, 밤늦게까지 강행군.
4	자아와 공상 / 현실에 뿌리박은 의식 사이를 오간다. 현실과는 다른 세계로 뛰어넘는 상상력을 포함. 새로운 현실 창조–처음에는 낯설게 보이지만 조만간 진실이라고 인정받을 수 있어야 함.
5	외향성 · 내향성이라는 상반된 성향을 함께 가지고 있는 듯 혼자 지내는 시간이 많다. 어떤 영역의 상징을 터득할 수 있는 기회 /아이디어 교환, 다른 사람의 작품과 생각 이해할 필요. (과학실험은 공동기획 – 글쓰기 – 혼자, 이후 피드백)
6	매우 겸손, 동시에 자존심 강함. – 거인의 어깨위에 – 이전의 오랜 연구 업적이 밑거름이 되어서 지금 그 자리에 설 수 있음. 행운이 작용했음을 알고 있다.
7	성역할–전형적이지 않다. 양성적 경향 – 세상을 좀더 풍요롭게 경험. 다양한 기회를 가질 수 있다.
8	반항적, 개혁적, 동시에 보수적, 전통적.
9	열정적이고 객관적, 애착과 초연함 사이의 갈등에서 나오는 에너지 중요.
10	개방적이고 감성적인 성향으로 즐거움, 고통. 감수성이 예민한 사람일수록 모욕감과 불안을 느낌. 고통스럽게 감성적인 영혼을 표현해 왔음. 정신병, 마약, 중독.

출처 : 〈창의성의 즐거움〉 칙센트 미하이, 1996.

3. 창의성 여행, 둘째 날 : 창의성은 어떻게 생성되고 개발되는가?

✳ 나레이션

둘째날, 콘텐츠의 클러스터, 이케부쿠로와 아키하바라에서 신선한 충격에 휩싸였다. 역시 콘텐츠 강국이다. 화려한 외양의 다채로운 색감의 수많은 기발한 아이디어의 콘텐츠 상품들. 이케부쿠로의 거대한 중심거리는 게임, 만화, 영화, 애니메이션, 음악 등을 접할 수 있는 공간. 아키하바라의 게임, 피규어 서적 등 전문 샵. 동인(아마추어들이 만화나 상품을 만드는 모임)제품 전문 마니아 샵. 한국에서는 거의 찾아볼 수 없고 이벤트 때나 볼 수 있는 이런 아마추어상품은 일본이 만화 캐릭터 게임들이 발전할 수 있게 만드는 기본 요소들 중의 하나일 것이다.

새로움으로 가득 찬 콘텐츠 상품들은 어떻게 창조되는 것인가?

새로운 아이디어를 생각해 내고 새로운 상품을 만들어 내는 과정을 알고 싶다.

(1) 둘째 날 여행기

언제 어디서나 캐릭터 : 캐릭터가 창조과정의 징검다리?

여행 둘째날, 우리는 서둘러 이케보쿠로로 향했다. 지하철을 내리니 도부 백화점이 연결되어 있었다. 마침 백화점이 문을 여는 때라 우리는 쇼핑도 할 겸 해서 백화점 안으로 입성했다. 설을 앞두고 있어서 그런지 2005년의 상징인 닭을 아이템화시킨 장식물들이 많았다. 특히 캐릭터화시킨 닭(병아리)들이 주 상품으로 진열되어 있었다. 그 중에는 귀엽고 아기자기하며 심플한 디자인을 사용한 이것은 일본의 정서를 충분히 느낄 수 있는 형태도 쉽사리 볼 수 있었다?

이것 말고도 가도마쓰라던가 가가미 모찌 등을 미니어쳐시킨 악세사리 장식품도 왕창 왕창 모여 있는 것이 역시 일본답다는 느낌이 들었다. 물론 유명한 복고양이도 많이 보였다.

거리마다 마을마다 상징물이

백화점 밖에 나왔을 때는 시가지에 부엉이석상이 있었는데, 알고 보니 부엉이가 이케부쿠로의 상징물이라고 한다.

파친코는 창조과정의 쉼터? 비상구?

또한 길을 걷다보면 눈에 자주 띄는 상점이 있다. 그것이 무언가하면 바로 파친코다. 일본은 파친코가 거의 국민게임이라고 하는데 줄잡아 200미터에 1개씩은 있는 듯한 느낌이 들 정도로 파친코 게임룸이 많았다. 사실 일본 소니플레이스테이션 2의 게임 중 나왔다하면 판매순위권에 드는 게임도 파친코 게임이라고 할 정도이니…… 여기서 우리가 주의 깊게 본 것은 파친코 게임마다 빠짐없이 캐릭터를 사용하는 경우가 많다는 사실이다. 만화캐릭터나 애니메이션을 첨가해 파친코의 한층 더 다양한 재미를 추구하는 형태가 많았다. 예를 들어 북두의 권, 철권, 우주전함 야마토 등 유명게임, 애니, 코믹 등의 캐릭터가 파친코의 냉정한 이미지를 순화시키고 있었다.

광고의 미학 – 어떤 창조과정을 거치는지?

또 하나, 길을 가다 큰소리가 나서 둘러보니 외부쇼핑광고가 있었다.

이 광고는 등장 캐릭터들이 대화형식으로 물건을 광고 하는 형태다. 곳곳에 캐릭터가 살아 숨쉬고 있었다.

이케보쿠로 ; 일본 오타쿠 활동무대 , 콘텐츠 창작 클러스터

우리는 이케보쿠로를 한참 헤맨 후에 드디어 도큐핸즈 이케보쿠로 점을 찾아 냈다. 한국으로 따진다면 명동의 아바타몰이랄까? 아니 한국과 비길 수 없는 캐릭터 상품의 천국이라고 하는 표

슈퍼마켓보다는 편의점이 굉장히 많았으며 편의점 안에는 식품완구가 대부분이었다.
식품완구를 호기심에 몇 개 구입해 보았는데 그 안에는 콩알만한 사탕과 사탕의 100배 크기인 장난감이 들어있었다.
일본에는 이런 '식품완구' 산업이 엄청나게 활성화되어 있다.
다른면으로 보면 일본의 편의적에서는 완구가 차지하는 비율이 식품보다 높다고 말해도 과언이 아닐듯하다.

현이 더 나을 성 싶다. 이곳에서 눈을 혹하게 만드는 것은 역시 장난감 등 캐릭터 상품 들이었다.

각종 식품완구나 미니 피규어들이 모여있는 피규어샵도 무진장 많이 입점해 있었다. 지브리 스튜디오의 캐릭터 코너도 있었다. 이 도큐핸즈 건물 옆에는 재미있게도 게이머즈(Gamers)가 있었다. 만화, 게임, 애니메이션, 캐릭터상품을 파는 콘텐츠 전문 샵이었다. 도큐핸즈가 콘텐츠뿐만 아니라 인테리어 제품, 가전 제품, 공구 등 생활 용품까지 취급하는 백화점이라 한다면 이 게이머즈는 콘텐츠 전용몰이라고 할 수 있겠다. 우리가 가 본 그곳 게이머즈는 분점이라 그런지 조금 작기는 했지만 그래도 전문점답게 상당한 상품들을 볼 수 있었다. 특히 한 방 가득히 들어있는 가샤폰 기계들이 압권이었다. 가샤폰은 캡슐토이라고도 하는데 캡슐 안에 장난감이나 인형이 들어있어 동전을 넣고 그 캡슐을 뽑는 방식으로 되어 있다. 50엔 100엔 등의 동전을 넣고 돌려 뽑을 때 의성어를 사용하여 가샤폰이라고 부르게 되었다고. 게이머즈는 가샤폰의 원조가 이웃나라 일본이라는 사실을 새삼스럽게 확인하게 해주었다. 현재는 가샤폰이 국내에서도 수입이 되어 홍대입구나 신촌, 용산, 명동, 국제전자상가 등에서 쉽게 볼 수 있는 문화 아이템이기도 하다.

이어 우리는 게이머즈를 나와 앞에 있던 아케이드 룸(오락실)에 잠시 들렀다. 이곳 아케이드의 특징이라면 일반적인 게임 말고 UFO 캐쳐와 같은 인형 뽑기가 많다는 점이다. 우리나라에서도 잠시 유행했었다가 사라지고 있는데 여기서는 아직 전성기를 구가하고 있는 것으로 보인다. 시간이 흘렀지만 옛 시절에 유행하였던 캐릭터 인형들이 경품으로 들어 있는 경우도 더러 있었다.

게임장에서는 전자게임보다는 박스 안에 집게가 달리고 그 집게로 집을 수 있는 인형과 각종 상품이 쌓여있는 기계가 많이 보였다. 일종의 자판기처럼 보이는 이 기계는 '토이크레인'이라고 한다. 우리나라 길거리에서 가끔 볼 수 있는 '토이크레인'이 건물 전체에 가득 차있는 것을 볼 수 있었다.

버얼건 대낮을 밝힌, 성인 샵

이케부쿠로에서 또 다른 재미있는 경험을 했다. 우리가 가고자하는 목적지가 아닌 중심가의 반대편을 먼저 접한 것이다. 그곳은 밤을 위한 거리였던 것이다. 물론 동경 예술의 전당도 있었지만 외각에는 성인들을 위한 샵과 광고들이 즐비하게 있었고 사람들의 발길이 뜸했다. 밤을 위한 거리이니 당연한 것이 아닌가. 우리는 실망하고 다른 곳으로 이동하려했지만 찾고자 하는 목적지가 있어 발걸음을 옮기다가 나중에 '이케부쿠로'의 중심가를 발견하고 나서야 '이케부쿠로'의 알맹이를 볼 수 있었다. '이케부쿠로'의 중심가는 문화콘텐츠의 집결지라고 말할 수 있을 것 같다. 거대한 중심거리에 게임, 만화, 영화, 애니메이션, 음악 등을 접할 수 있는 공간이 있었다. 일본의 유명한 할인점 '도큐핸즈'도 이곳에서 처음 접했다. '도큐핸즈'에는 생필품 외 다수의 다양한 문화콘텐츠 상품들도 함께 판매하고 있다는 것이 인상적이다.

늘 하는 문화식사, 문화간식 , 고객의 생활과 문화를 제품에 담은 기업 -소니

'이케부쿠로'에도 젊은이들이 많았지만 연령층은 다양하게 찾아볼 수 있었다. 지하철안에서도 모든 연령층이 한손에는 몸을 지탱하기위한 손잡이를 잡고 한손으로는 만화책을 꼭 쥐고 있는 것을 보면 오래전부터 그들에게는 만화와 같은 문화콘텐츠가 생활이 된 것 같았다. 그들의 가정에서는 보통 한두 대 정도의 비디오 게임기가 있다고 한다. 가족이 함께 비디오게임을 즐기고 영화나 애니메이션을 보고 있다는 것이다. 소니사의 플레이스테이션2는 바로 이러한 점을 공략한 것 같다. 플레이스테이션2는 비디오 게임은 물론 콘텐츠를 담은 DVD를 재생할 수 있으며 비디오CD와 음악CD 또한 재생이 가능하다. 소니는 바로 고객의 생활과 문화를 제품에 담았다고 평하고 싶다.

어쨌든 '이케부쿠로'에서는 다양한 연령층을 가진 일본인들의 '문화식사'를 한눈에 볼 수 있다는 것으로 만족했다.

만화잡지 좌판

거리를 다니면서 특이한 점을 발견했는데 허름한 좌판에서 만화잡지 2~3가지만을 파는 행상을 볼 수 있었다. 나중에 문화콘텐츠진흥원 일본사무소의 관계자가 이야기를 해주었는데 노숙자와 같은 빈곤층의 사람들이 지하철안에서 보고난 만화잡지를 수거하여 되판다는 이야기를 들었다. 이것은 좋게 해석한다면 노숙자들이 사람들에게 그냥 손을 벌리지 않고 작은 규모의 상인이 되어 경제활동을 한다고 말할 수 있다. 이러 면을 보아도 일본인들이 경제적인 인간이라는 것을 실감케 한다.

라면집 식권 자판기 : 생략과 질서의 창조과정

점심 때 일본식 라면집을 찾았다. 단순히 자리에 앉아서 주문하면 가져다주는 것이 당연한 것이라 생각한 우리일행은 메뉴 자판기를 보고 놀라지 않을 수가 없었다. 라면식당에 들어오기 전에 다른 식당 앞에 자판기가 있는 것을 보기는 했지만 우린 그것이 음식을 주문하기위한 메뉴 자판기인 줄은 몰랐다.

우리가 갔던 식당의 구조는 포장마차나 주접의 바처럼 종업원이 앞에 있고 종업원위로 주방이 붙어있는 작은 구조의 식당임에도 자판기가 있고 자판기로 뽑아온 티켓을 종업원에게 주면 음식이 나오는 시스템이었다.

혼자 먹는 라면집

라면집은 그 구조가 한층 더 특이했다. 사람들은 보통 혼자 식사를 하러 오는 경우가 많았으며 칵테일 바 구조를 가지고 있었고 그 좁은 식당 안에서 주문을 받는 것이 아니고 자판기를 이용해 메뉴를 선택해야 했다. 그리고 라면집에서는 큰 소리로 손님을 맞이하고 음식이 나오자 또 큰소리로 친절하게 안내해주며 나갈 때도 마찬가지였다. 이러한 문화는 우리나라의 정서로 볼 때 조금은 이상할 수도 있지만 일본에서의 또 하나의 예의를 갖춘 듯 보인다. 일본의 음식값은 대부분 우리나라의 두 배정도 인데 반하여 일본인의 평균연봉이 우리나라의 3배라고 친다면 음식값은 굉장히 저렴한 편이다.

왜 코앞에서 자판기를 써야 하는 것인지

도대체 자판기가 왜? 필요한 것일까? 소고기라면 2개요! 또는 돼지고기 우동 라면요! 라고

일본의 특징 : 자판기문화

전체적으로 보면 역시 일본사람이 대면관계가 서툴다기보다는 제가 생각하기에는 필요하지 않은 대면관계는 일부러 하지 않는다라고 보고 아까도 이야기했지만 상대방에게도 도움이 된다라고 생각하는 것 같아요.

그래서 자판기가 많은 것도 그러한 영향이라고 생각이 되고요. 저는 한국에 와서 바나나우유하나 구입하는데 일일이 가게에 가서 '이것 주세요'라고 하는 것이 처음에는 부담스러웠고 이 가게에 가서 500원내고 '이것주세요' 하는 것도 그렇고 채소하나 사는 것도 완전히 포장되어 있고 가격이 매겨져 있는 것을 슈퍼에서 레지스타로 돈을 내고 가는 것이 아니고 그 할인마트라는 곳에서는 물건을 쌓아가지고 '이것 좀 계산해주세요' 해야 하고 또 시장 같은 곳에서는 '얼마에요 깍아 주세요!' 하는 것도 그렇고 양배추하나를 사는 데에도 사람과의 대화를 해야 한다는 것이 처음에는 부담스러웠습니다. 일본식 시스템에 익숙해져 있었던 것 같다고 생각됩니다.

〈도도로끼 히로시상 인터뷰〉

하면 될 것을 왜? 이해가 안 갔다. 참 특이한 자판기 문화다. 물론 일본인들이 자판기를 좋아하고 많이들 이용하는 것은 잘 알고는 있었지만 이 정도인 줄은 예상 못했던 일이었다.

 길거리에서는 조금 과장하여 10미터 마다 음료수 자판기와 담배 자판기를 발견할 수 있었다. 이런 자판기가 가득찬 그들의 문화가 길거리를 걷고 있는 대부분 사람들의 표정을 무표정하게 만들었을까? 그것은 편리하기도 하지만 간단한 음료나 담배를 필요로 할 때 사람을 마주하지 않고 물건을 사야하기 때문에 사람과 사람사이의 커뮤니케이션이 줄어드는 결과를 낳지 않을까 하고 우려된다.

아키하바라 : 콘텐츠 문화생태계, 오타쿠 아지트, 비즈니스 창조 프로세스

 다음으로 향한 곳은 일본의 용산이라 불리는 아키하바라. 게임과 캐릭터, 만화의 진정한 지상 천국이라 불리는 곳. 이 곳에서 가서 우리가 게이머즈 본사를 못 가 본 것이 조금 아쉬운 점이긴 했으나 하루 종일 돌아다녀도 충분하지 않다는 아키하바라인지라 맛보기에 만족해야 했다. 잠시 보는 주마간산이었지만 아키하바라에 있는 게임, 피규어 서적 등 전문 샵을 둘러보니 역시 콘텐츠 강국 일본의 진면목을 온 몸으로 느낄 수 있었다. 아키하바라에 많이 있다는 동인(아마추어들이 만화나 상품을 만드는 모임)제품 전문 마니아 샵 몇 군데를 대충이나마 둘러보며 역시 신선한 충격을 많이 받을 수 밖에 없었다. 한국에서는 거의 찾아볼 수 없고 이벤트 때나 볼 수 있는 이런 아마추어상품은 일본의 만화 캐릭터 게임들이 발전할 수 있게 만드는 기본 요소들 중 하나라고 할 수 있을 것이다. 이처럼 아키하바라에 와서 많은 볼거리와 독특한 아이디어를 체험할 수 있다는 것 자체가 결국 일본의 창조 계급들로 하여금 독특하고 새로운 창의성을 추구하게끔 하는 게 아닌가 싶다.

수많은 전자 상가들이 화려하게 서있는 '아키하바라'에는 겉으로 보기에 우리나라의 '용산'과 다를 바 없어 보이지만 자세히 들여다보니 그 안에는 고객의 감성별로 분류된 각자의 노하우가 숨쉬고 있었고 최고의 품질과 서비스를 제공하려는 노력이 상인들의 미소에서 나타나고 있었다.

성인 콘텐츠 빌딩

아키하바라에서 우연히 자극적이고 색감이 화려한 간판을 보고 일행들과 한 샵에 들어가게 되었고 건물전체가 성인 샵인 것을 알았다. 우린 그곳에 화려하고 매우 엽기적인 물건들을 보게 되었다. 영화, 애니메이션, 만화, 용품 등 없는 것이 없었다. 놀라운 것은 남녀노소가 아주 자연스럽게 같은 공간에서 자신의 취향을 선택하고 있는 점이다. 우리나라에서는 나올 수 없는 그림이지만 일본에서는 이러한 성인문화도 그들에게 자연스럽고 당연한 것으로 스며들어 있는 것 같다. 역시 그곳에서도 자판기를 발견하였다. 자판기의 용도는 조금은 소극적이고 부

끄러움을 느끼는 사람들을 대상으로 만들어진 것들이었고 배치된 곳도 조금 어두운 계단에 커튼까지 처져있는 곳에 위치하여 다양한 성인 용품들이 들어가 있는 자판기였다.

나이트 문화, 롯폰기 : 구로자와 아키라 드로잉과 창조과정

롯폰기는 의외로 너무 거대했고 작은집과 작은 공간에서 사는 사람들이 이런 건물에서도 지내는 것이 놀라웠다. 롯폰기에서는 모리미술관이 최상층에 있는 빌딩을 방문하였다. 모리미술관에서는 미술박물관과 전시관, 동경시내를 한눈에 볼 수 있는 전망대를 설치 운영하고 있어 많은 관광객이 찾고 있었다. 문화예술과 아름다운 도시의 야경을 동시에 감상할 수 있는 시스템이 있는 이 빌딩을 가진 도시가 한없이 부러웠다.

모리미술관에서는 마침 영화감독 구로자와 아끼라의 스케치를 전시하고 있었으며 작품들에서 현재 일본의 앞선 문화콘텐츠가 어떻게 발전되어 왔는지 추측케 한다. 그의 전시회에서 본 그림은 끝없는 상상력과 감성으로 정말 일본적임과 동시에 세계적인 빛깔로 작품을 빚어낸 밑거름이라고 표현하고 싶다. 지금은 고인이 되었지만 아직도 그의 작품에서는 그가 숨쉬고 있음을 느낄 수 있었다.

〈구로자와 아끼라의 드로잉 작품〉

(2) 학습내용

❶ 창조과정 : 창조는 어떻게 이루어지는가

새로운 아이디어를 생각해내고 새로운 물건을 만들어내는 창조과정의 신비를 풀어보자. 창조과정이라 할 때, 우리가 의미하는 바는 한 가지가 아니다. 앞에서 살펴 본 바 창의성이 무엇인가를 규정하는 각기 다른 관점에서 각각 다른 측면에 초점을 맞추어 창조과정을 언급하고 있기 때문인 것으로 생각된다. 우선, 창조 과정은 창의적 아이디어나 물건을 만들어내는 개인의 머릿 속에서 일어나는 정신적 과정의 측면에서 이해되고 있다. 심리측정접근법이나 인지심리학에서는 주로 사고 과정을 중심으로 창조과정을 설명한다. 그러나 창의성이 생성되고, 발현되는 실제 과정은 머릿 속 과정 외에도 훨씬 더 광범위한 심리적, 사회학적 과정으로 이해되어야 한다. 그러면 창의적 개인은 어떤 단계를 거쳐 창의적 산물을 생성해 내는가?

가. 창의적 사고 과정

새로운 아이디어를 생각해내고 새로운 물건을 만들어내는 창조과정의 신비를 풀어보자. 창조과정이라 할 때, 우리가 의미하는 바는 한 가지가 아니다. 앞에서 살펴 본 바 창의성이 무엇인가를 규정하는 각기 다른 관점에서 각각 다른 측면에 초점을 맞추어 창조과정을 언급하고 있기 때문인 것으로 생각된다. 우선, 창조 과정은 창의적 아이디어나 물건을 만들어내는 개인의 머릿 속에서 일어나는 정신적 과정의 측면에서 이해되고 있다. 심리측정접근법이나 인지심리학에서는 주로 사고 과정을 중심으로 창조과정을 설명한다. 그러나 창의성이 생성되고, 발현되는 실제 과정은 머릿 속 과정 외에도 훨씬 더 광범위한 심리적, 사회학적 과정으로 이해되어야 한다. 그러면 창의적 개인은 어떤 단계를 거쳐 창의적 산물을 생성해 내는가?

창의성을 사고 유형으로 규정하는 인지과학자들에게 창조과정은 창의적 사고과정이 진행되는 순서를 의미한다. 인지과학자들에 따르면 사고 과정은 다음의 단계를 밟는다. 즉, 자료를 수집하는 준비단계, 의식선상에 해결책이 떠오를 때까지 여러 아이디어를 조합해 보는 부화단계, 아이디어의 조합결과 해결책이 생성되는 조망단계, 그리고 발견된 해결책의 유용성을 평가하는 검증단계의 4단계이다. 이들 단계들은 사실상 문제해결과정의 순서인데 정해진 해답을 찾는 탐색적 또는 결합적 해결과정과 변형적이고 창의적인 과정은 다른 점이 있다. 즉, 창의적인 과정은 문제공간에서 문제해결가능성이 쉽지 않거나, 규칙을 바꾸지 않으면 도달할 수 없는 다른 공간에 해결책이 존재해야하거나. 해결책에 근접하기는 상대적으로 쉬우나 적중하기가 쉽지 않거나, 공간에서의 방향설정이 쉽지 않은 문제 등과 같은 네 가지 문제 중 최소한 하나 이상 갖고 있어야 한다는 점이다.

나. 창의적인 사람들은 어떻게 일하고 있는가

창조는 어떻게 이루어지는 것일까에 대한 질문은 개인의 머릿 속에서 일어나는 정신적 과정에 국한되는 궁금증은 아니다. 창의성에 대한 정의를 알아볼 때, 앞에서도 인용한 칙센트미하이의 〈창조성의 즐거움〉에서 우리는 창조과정에 대한 아주 포괄적인 설명을 찾아볼 수 있다.

창의적인 사람들은 실제로 어떻게 일을 하는 것일까? 개인의 사고, 심리적 측면, 그리고, 조직적, 사회적, 문화적 요소들과의 상호관계 속에서 생각해 보자. 칙센트미하이는 창조과정을 5 단계로 나누고 있다.

1) 창조과정의 5단계

준비단계	의식적이든 아니든 흥미롭고 호기심을 불러 일으키는 일련의 문제점에 깊이 빠져드는 단계.
잠복기	아이디어들이 의식의 문지방밑에서 맴돌며 특별한 연결고리를 만들어 낼 수 있음. 의식에 의해 정돈되지 않은 상태에서 아이디어들이 저절로 움직이며 뜻하지 않은 결합이 탄생하는 단계.
깨달음	아하! 유레카!의 순간. 마지막 퍼즐의 조각이 맞춰지는 순간.
평가단계	깨달음이 과연 추구할 만한 가치가 있는지 없는지를 판단하는 여과 과정. 불확실하게 느껴지고, 주저하게 되며 정서적으로 가장 힘든 부분. 영역 현장의 의견이 중요해지는 때. 과연 새롭고 확실한 아이디어인지에 대해 성찰이 필요.
완성단계	에디슨의 발명. 소설이라면 인물설정. 줄거리 정하기. 언어로 옮기기.

이상 5단계는 위의 사고과정의 4단계와 일견 유사해보이기도 한다. 그러나 창조 과정의 각 단계에서 개인의 머릿 속에서 독특한 정신과정이 일어날 뿐 아니라 사회와 문화의 요소들이 이 과정의 시작과 진행에 개입한다.

창조과정은 일사천리로 이 다섯 단계를 하나씩 밟아나가는 것이 아니다. 창조과정을 그래프로 그린다면 다음단계로 진행하다가 도로 이전단계로 혹은 그 전 단계로 떨어지는 과정을 반복해서 거치지만 종국에는 창조적인 성취라는 정점에 달하는 굴곡이 있는 곡선 그래프가 될 것이다. 칙센트미하이에 따르면, 완성단계는 잠복기와 같은 작은 직관들에 의해 끊임없이 중단되었다가 이어지는 순환적인 과정이다. 또 창의적인 아이디어는 하나의 심오한 깨달음일 수도 있고, 수없이 많은 작은 깨달음의 연결에서 나올 수도 있다고 본다. 소위 '작은 유레카들의 천둥울림'일 수 있다는 것이다. 현실에서 이 다섯 단계의 과정들은 여러 차례 중복되고 되풀이 될 수 있다. 제 각 단계에서 어떻게 창조과정이 진행되는지 살펴보자. 어떠한 요소가 각 창조단계마다 중요하게 작용하는가?

2) 단계별 창조과정

① 준비단계

앞서 살펴 본 창조과정의 단계를 좀 더 상세하게 보면 다음과 같다.

■ 영감을 얻는다.

준비단계는 문제 해결의 과정에서 무엇이 문제인지를 알게 되는 과정이고 어떤 제품이나 예술적 창작품을 위한 영감을 얻는다. 창의적인 사람은 어디서 문제의식이나 영감, 또는 아이디어를 얻는 것일까?

사실 영감은 여러 가지 방식으로 그리고 여러 가지 시점에서 떠오른다. 어떤 사람들은 영감을 애써 찾기도 하지만 어떤 사람들은 가만히 앉아 영감이 자신에게 오기를 기다린다. 영감의 원천은 여러 곳에 있다. 우선 가깝게는 우리 삶의 경험 자체가 우리에게 문제의식을 던져주고 영감을 제공한다. 그것은 특별한 날의 특별한 경험일 수도 있겠지만, 매일 매일의 삶, 일상적인 경험과 느낌은 영감의 원천이 된다. 매일 매일의 삶의 기록은 문제의식을 일깨우는 귀중한 자료가 된다. 또한 어린 시절의 기억은 종종 강력한 영감의 원천이 된다. 어린 시절에 가졌던

73

어떤 현상에 대한 호기심과 왕성한 흥미는 오랫동안 문제를 추구하고 새로운 발견이나 새로운 예술적 표현, 새로운 방식의 물건을 만드는 창의적인 성취를 위해 전력투구할 원동력을 제공해 준다.

■ 현재 영역의 요구와 기존 지식

그 사회의 문화적 전통, 축적된 지식은 창의적 성취를 위한 기반이 된다. 영역을 변화시키려면 어쨌든 그 영역을 철저하게 이해하여야 한다. 대충 아는 지식으로는 획기적인 변화를 이룰 수 없다. 그러므로 창의성의 발현에 있어서 기본 지식은 반드시 필요하다.

또한 창의적인 사람은 영역의 경계를 넘나든다. 이들은 자신의 영역을 다른 영역의 관점에서 바라보면서 느끼는 긴장감에 의해 자극을 받는다. 그래서 한 분야의 전문가로서 배타적인 태도는 창의적 성취에 도움이 되지 않을 수 있다. 경직된 영역에 대한 불만이 때로 위대한 창의적 발전을 가능하게 만들기도 한다.

■ 사회적 환경과 현장의 영향력

창의성을 발휘하는 데는 현장의 영향력이 아주 크게 작용한다. 현실적으로 우리는 어떤 지적공동체에 소속해서 활동하면서 세미나, 모임, 워크샵 등에서 배울 수 있을 때, 창의적 성취를 이루어낸다. 현장의 사람들과의 공식적 비공식적 네트워킹은 중요한 정보를 교환하고 새로운 아이디어를 생각해내는데 도움을 준다. 연구단체에 소속해서 경쟁하고 협조하는 환경에서 문제의식 발견이 용이하므로 젊은 과학자들에게는 연구단체가 중요하다. 또한 새로운 조직이나 새로운 현장을 만들 때, 새로운 아이디어가 탄생할 수 있다. 뒤에서 자세히 살펴보겠지만 미야자끼 하야오의 창의적 콘텐츠 산출을 이해하기 위해 스튜디오 지브리의 설립에 주목한 이유는 이와 같은 새롭게 현장에서 조직이 만들어질 때, 이제까지와는 다른 창의적 작품이 만들어지기 때문이다.

창조과정은 또 다른 의미에서도 집단적 과정이다. 영감을 얻는 단계뿐 아니라 이 영감을 가지고 창의적인 기획이나 작품제작에 실제 돌입하는 행동단계에서도 집단과의 유대, 공동체 성원의 심리적 지원, 실제적 도움이 필요하다.

② 잠복기

문제의식이후 창조과정은 한동안 자취를 감춘다. 이 잠복기는 아이디어의 창출을 위해 아주 중요한 과정이다. 이 기간은 겉으로 보기에는 아무 일도 일어나지 않는 기간이다. 이 기간의 정신활동에 대해서는 기억을 하지 못한다. 그래서 이 과정은 곧잘 신비주의적으로 설명되곤 한다. 매일 밤 잠 자리에 들기 전에 문제를 머릿속으로 생각. 아침에 깨어나면 기적적으로 문제의 해결책이 떠오르는 경험이 있을 것이다. 아이디어가 고갈되면 조깅을 하거나 정원을 손질하는 등 놀다가 오면 다시 생각이 떠오른다.

이 시간에 과연 무슨 일이 일어나는 걸까? 심리학자들에 의하면 우리가 깨닫지 못하고 있는 동안이나 심지어는 잠을 자고 있는 동안에도 어떤 종류의 지적인 과정은 머릿속에서 계속 진행되고 있다.

창조과정에 대한 프로이드의 이론은 이 잠복기의 진행 과정을 억압된 무의식의 해소과정으로 설명한다. 프로이드에 의하면 창조과정의 뿌리에 있는 호기심은 어린 시절 성에 관련된 억

압된 기억에서 비롯된다고 말한다. 창의적인 사람은 그러한 금지된 호기심을 허용된 호기심으로 대체시킨다. 이차적인 창조과정을 통해 원래의 억압된 관심을 효과적으로 해소하자면 이따금씩 의식의 문지방밑으로 침잠해서 리비도의 근원과 다시 연결할 수 있어야 한다. 아마도 이 과정이 잠복단계 중에 일어날 것이라는 설명이다. 사고의 의식적인 내용을 무의식이 넘겨받으면 인식의 검열이 미치지 않는 그곳에서 개인적인 갈등과 화해하기 위한 시도가 이루어지면서 이때 추상적인 학문의 문제가 우연히 모습을 드러내게 된다는 것이다.

잠복기는 무의식속에서 자유로운 연상 작용이 일어나는 과정이라는 설명이 조금 더 설득력 있게 들릴 수도 있다. 인식론자들은 아이디어가 의식적인 지시에서 벗어나면 단순한 연상법칙을 따라간다고 믿는다. 아이디어들이 다소 임의적으로 결합하면서 아무 상관이 없는 것처럼 보이는 아이디어들 간의 연결이 잇달아 일어난다. 우리가 의식적으로 어떤 문제에 대해 생각할 때, 해결점에 도착하기 위한 연습과 노력이 아이디어를 익숙한 방향을 따라 일직선으로 밀고 간다. 그러나 무의식 속에서는 의도가 작용하지 않는다. 무의식속에서는 이성으로부터 자유로워진 아이디어들이 제멋대로 이리저리 치달으면서 서로 결합한다. 이러한 자유로움 속에서 처음에는 이성에 의해 거부되었던 독창적인 특별한 관계를 발견하는 기회가 주어질 수 있다.

칙센트미하이같은 학자들은 프로이드의 설명보다는 인식론의 설명을 더 설득력있게 받아들인다. 그런데, 아이디어의 잠복은 영역을 습득하지 않았거나 현장과 관련되지 않은 사람에게는 일어나지 않는다. 아무리 잠을 자도 자신이 모르는 분야에 대한 새로운 통찰력이 떠오를 리가 없다. 무의식의 깨우침, 혹은 신의 계시로 다가오는 깨달음조차도 그 분야에 대한 전문지식이 있는 사람에게 온다.

③ 깨달음의 단계와 완성의 단계

깨달음은 아이디어 사이의 무의식적인 연관성이 정확하게 들어맞으면 마치 물속에서 코르크를 잡고 있다가 놓는 순간 물 밖으로 솟아오르는 것처럼 의식 밖으로 튀어 오르는 듯한 것으로 표현된다. 이 단계에서 계속 열린 마음을 유지하여야 한다. 한번의 깨달음으로 결과가 나오기보다는 지속적으로 지식을 습득하고 외부의 의견에 마음을 열고 생각을 가다듬고 정리한다. 초고를 열다섯 번 고쳐 쓰는 마지막 수고도 아끼지 않게 된다.

❷ 콘텐츠의 창조과정 실제 - 5가지 단계 롤러코스터 타기

이제까지 살펴본 창조과정의 5단계는 일생을 거쳐서 일어날 수도 있고 일생에 여러 번 일어날 수도 있다. 이제 실제 콘텐츠 비즈니스 종사자들이 창의적인 아이디어를 생성하고 이를 현실로 옮기는 구체적인 작업과정을 알아보자. 여기서 의미하는 창조과정은 시간적으로는 상대적으로 단기간에 일어나는 과정이며 현장의 동료들과 모여서 직접적인 상호작용과정에서 창의적 성취를 이루는 과정이다. 여기서는 영국 BBC가 제시하고 있는 프로그램을 통해 '창의성 폭발'의 실전의 작업과정을 관찰하고자한다. 이 창조과정은 감정상태가 롤러코스트를 타는 5단계의 과정이다.

영국의 공영방송 BBC는 음악, 영화, 춤, 예술, 문학 등 모든 종류의 창의적인 작업에 관심 있는 사람들이 갖고 있는 아이디어를 현실로 꽃피울 수 있게 도와주는 이른바 창조 작업 청사진인 BBC Blast 프로그램을 선보였다. Blast란 말은 우리말 폭발로 볼 수 있는데 BBC는 이 창의성 폭발을 도와주는 프로그램을 특히 예술가나 교사 등 창의적인 작업을 위해 고민해본 사람

들에게 어떻게 하면 창의성을 개발하고 유지할 수 있는지에 관해 최근 수 년 동안 실시해온 현장 자문 활동에 근거하여 이 프로그램을 만들게 되었다고 밝히고 있다. 또한 스스로 창의성이 없다고 여기거나 여러 번의 시도를 통해 좌절을 겪은 사람들을 위해서도 이 프로그램은 쓸모가 있다고 BBC는 강조하고 있다. 이 같은 방송사 BBC의 특이한 수고는 아마도 창조산업(Creative Business)을 국가전략산업으로 키우고 있는 영국 정부의 사회적 공헌 노력의 일환이 아닌가 한다. BBC Blast 프로그램의 핵심적인 내용을 알아보자.

〈창의성 폭발 : BBC의 창조 작업 청사진, BBC Blast〉

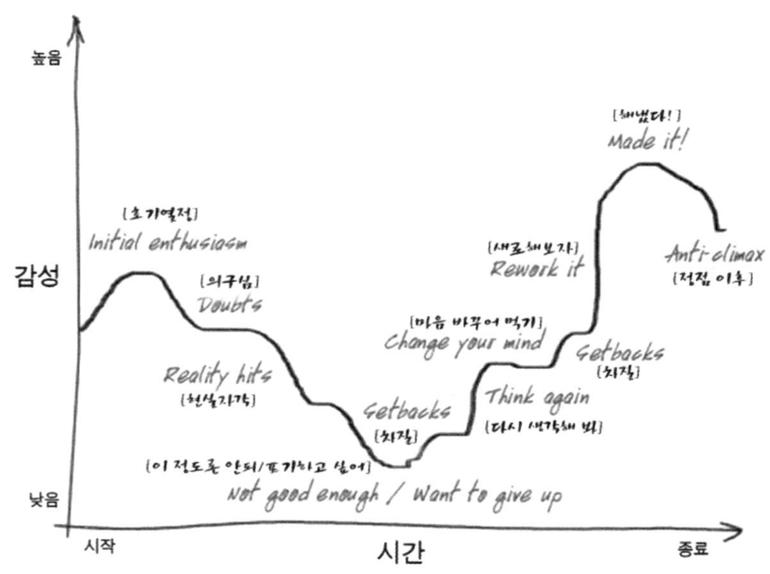

가. 전체 창조과정

　어떤 전문가집단이 창조적인 과업을 수행하는 전 과정을 시간의 흐름과 감성의 높낮이를 축으로 설정하여 BBC Blast는 위 그림과 같이 표현하고 있다. 작업이 시작되어 완료되고 그 직후 시점에 이르기까지 참여자 감성 파고는 롤러코스터 타듯이 오르내리게 된다. 이 과정에서 초기 열정 – 의구심 – 현실 자각 – 차질 – 이 정도론 안돼/포기하고 싶어– 다시 생각해 봐 – 차질 – 마음 바꾸어 먹기 –새로 해보자– 해냈다! – 정점 이후 등 11개 지점마다 생기는 고비의 길목이 도사리고 있게 된다. 이 전체 과정을 슬기롭게 잘 헤쳐 나가는 일이 곧 성공적인 창조과정이 되는 셈이다. BBC Blast는 이 일반적인 창조 작업의 과정을 좀 더 활력 있고 생동감 넘치고 신명나는 재미있는, 그야말로 전문적이고 성공적인 창조과정이 되게 하기 위해서는 5가지 단계별 수단을 마스터하면 된다고 안내한다.

나. 5가지 단계 : 창조과정 롤러코스터 타기

1) 시작하기

　영감의 원천은 여러 곳에 있다. 우선 가깝게는 우리의 삶의 경험 자체가 우리에게 문제 의식을 던져주고 영감을 제공한다. 그것은 특별한 날의 특별한 경험일 수도 있겠지만, 매일 매일의 삶, 일상적인 경험과 느낌은 영감의 원천이 된다.

　음악전문작가인 창조적 전문가의 말을 들어보자.

　"영감은 내 주변의 사물에서 나오죠. 보통 내 마음이 텅 비었을 때에. 뭔가에 집중하고 있을 때, 그러니까 강의를 듣고 있거나 어떤 프로젝트를 해내려고 하고 있을 때, 아니면 운전처럼 뭔가 신경을 쓰지 않고 하는 일을 하고 있을 때 말이지요. 제일 중요한 건 아이디어를 얻을 때 바로 그 순간에 행동하는 거예요. 오, 기억할 수 있을 거야라고 생각해서는 절대 안 돼요. 특히 잠자리에 누워 있을 때라면 말이죠. 기억못할 거니까요. 멈춰서 그걸 적어 내려가야 합니다."   (Sandra, BBC Blast)

아이디어를 떠올리기 위해 의도적으로 브레인스토밍기법을 써 볼 수 있다. 이 경우에는 예컨대 이 번 작품의 스토리에 대한 아이디어가 필요하다든지, 예산 문제를 해결해야한다든지 하는

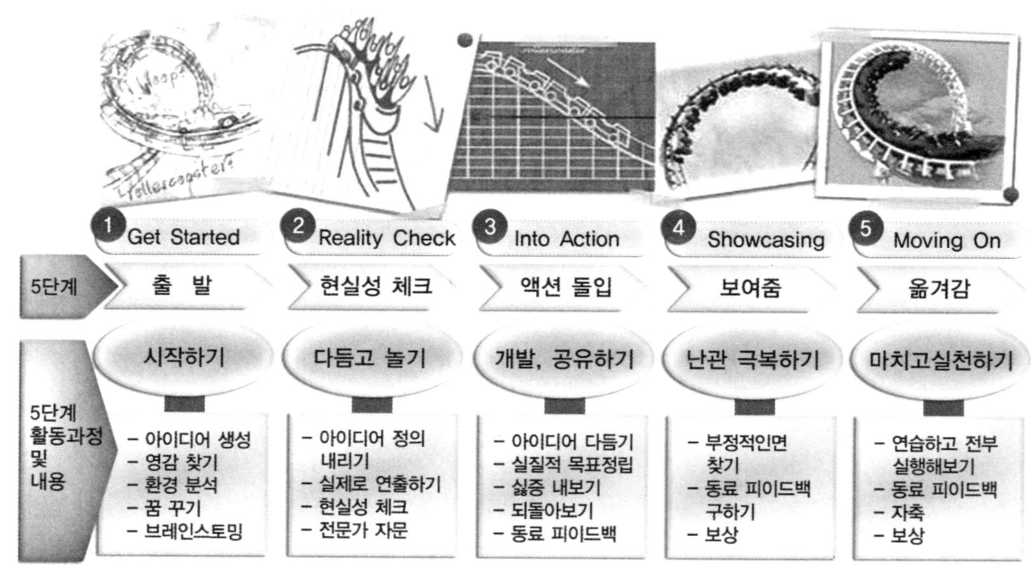

목표를 분명히 정해 놓고 시작하는 것이 중요하다. 어떤 아이디어를 떠올리게 되면 항상 필기구를 가지고 적어두라. 아무리 시원찮아 보이는 아이디어라도 모든 아이디어를 다 적어두면 된다.

창의적 아이디어를 얻기 위해 집단활동을 활용할 수 있다. 여기서는 여러 단어를 무작위로 끄집어내고 이를 다시 조합하며 그림을 그리거나 낙서를 하거나 춤을 추기도 하면서 상상력을 고조시키도록 한다. 또한 상상력을 고취시키기 위해 주제에 관련된 영화를 보면서 각자가 다른 엔딩이나 다른 로케이션을 설정하여 시나리오를 다시 구성해보기도 하는 방식도 해볼 수가 있다. 물론 영화가 아닌 드라마나 시트콤과 같은 콘텐츠도 활용 대상이다. 필요에 따라 진행자가 전체 팀을 2~3개 소그룹으로 다시 나눠 아이디어를 논의하고 이를 전체 회의에서 발표하도록 하는 방법도 있다. 이러한 열띤 과정 중에 별안간 풍선 놀이와 같은 간단한 게임으로 긴장을 풀어주는 것도 효과적이다. 신문이나 미디어를 보면서 아이디어를 구할 수도 있고 가능하면 콘서트장이나 친구 집과 같이 지극히 편한 곳에 들러 막힌 생각을 뚫는 노크를 해볼 수도 있다.

2) 다듬고 놀기

참여자들은 각자가 서로 얘기해가며 생성된 아이디어를 다듬어 나간다. 이 때 비판적인 내용이 나오더라도 잘 수용해야 하며 활발한 토의를 통해 검토한 소중한 의견들이 잘 피드백 되도록 해야 한다. 이 때 한 걸음 더 나아가기 위해서는 추가적인 연구, 조사 작업을 해야 하는데, 지역의 미술관이나 박물관과 같은 장소도 때에 따라서는 번득이는 영감을 얻기 좋은 장소가 될 수 있다. 또는 역시 적절한 영화나 방송 프로그램을 구해서 서로 보면서 다른 설정을 한다면 어떻게 될지에 관해 게임을 하듯이 즐겁게 놀며 새로운 아이디어를 찾아볼 수 있다.

집단작업을 하면서 다른 사람들의 도움을 받는 길은 여러 가지가 있다. 자원, 장비, 돈, 공간,

시간과 전문성의 지원을 요청할 수 있다. 가족, 친구, 그리고 스승에게 도움을 구할 수 있다.

다른 사람들과 같이 일하면 좋은 이유 몇 가지,

- 아이디어를 공유하고 즐겁다.
- 많은 사람이 필요할 경우 = 예를 들어 영화 스태프나 배우들
- 전문성이나 다른 추가적인 기술이 필요할 때
- 자금을 얻기 쉽다.　　　　　　　　　　　　　　　(BBC Blast 5 steps to get creative)

함께 일하는 것이 "힘들 수도 있다. 왜냐하면 다들 생각이 다르니까. 함께 일하면 좋은 이유
는 자신의 아이디어를 서로에게 튕겨 볼 수 있으니까."

　　　　　　　　　　　　　　　　　　(BBC Blast, 감독겸 공연예술가 록사나 포우프)

성공적으로 함께 일하기 위해서는 같은 목적을 공유하고 모두 그 목표와 달성 방법을 이해
해야한다. 또 다른 사람들이 당신 자신만의 목표를 위해 일하는 것이라도, 그 사람들이 이 일
에서 무엇을 얻고 싶어 하는지 알아내어야한다.

3) 개발, 공유하기

이 과정에서는 아이디어 집중뿐만 아니라 분산(distraction)의 기법도 활용할 필요가 있다.
그럼으로써 싫증도 내보고, 다양한 관점에서 설익은 아이디어를 더욱 정교화하는 작업을 해본
다. 또 한 사람이 먼저 문장을 만들어 읽고 이를 이어 다른 사람이 연달아 스토리텔링을 해보
는 과정 등을 거치면서 역시 만들어진 아이디어를 더욱 강화하도록 한다. 또 '징징대는 아이'
라는 게임 연기를 통해서 자신이 제안한 아이디어가 다른 사람들에 비해 좋지 않을 것이라는
따위의 염려를 씻어버릴 수 있도록 한다. 두 사람씩 짝을 지어 서로 말이나 소리를 내지 말고

진행 중인 아이디어 생성과 다듬기에 대한 의견과 감정을 표현하도록 해봄으로써 아이디어에 대한 다양한 생각뿐 아니라 여러 사람의 감정까지 느끼도록 설정한다. 이 때 온라인 미디어를 통해 다른 사람이나 전문가들에게 문의해보는 것도 좋은 방법이 될 수 있다.

4) 난관 극복하기

참여자들이 자신이 가장 싫어하는 6가지를 몇 분 동안에 생각해보도록 하고 이 가운데 3가지를 아주 상세하게 다른 사람들 앞에서 설명하도록 한다. 또 다른 한편으로는 현재 자신들이 하고 있는 일과 관련하여 긍정적인 느낌을 또한 적어 보도록 한다. 이 내용 또한 큰 소리로 읽도록 한다. 다시 '징징대는 아이'라는 게임 연기를 되풀이해서 자신이 제안한 아이디어가 다른 사람들에 비해 좋지 않을 것이라는 따위의 염려를 씻어버릴 수 있도록 한다. 이런 과정을 통해 창조 과정에서 봉착한 난관이나 부정적인 요소, 소극적인 면 등을 떨쳐버릴 수 있도록 해나간다.

5) 마치고 실천하기

창조과정에 관심을 갖고 있는 모든 사람들에게 일을 완료했음을 알린다. 필요하다면 자문역(여기서는 BBC Blast 프로그램) 게시판 등에 메시지를 올려 커뮤니케이션 하도록 한다. 어떤 주제에 따라 결과물을 만들었을 때는 주저하거나 예민하게 생각하지 말고 자신감을 갖고 남에게 보여 비평을 듣도록 한다. 아울러 지속적인 창의성 개발 프로그램 참여를 위해 또 다른 다음 프로젝트에 대해 토의하고 새로운 경쟁 상대에 관해서도 얘기를 나누도록 한다.

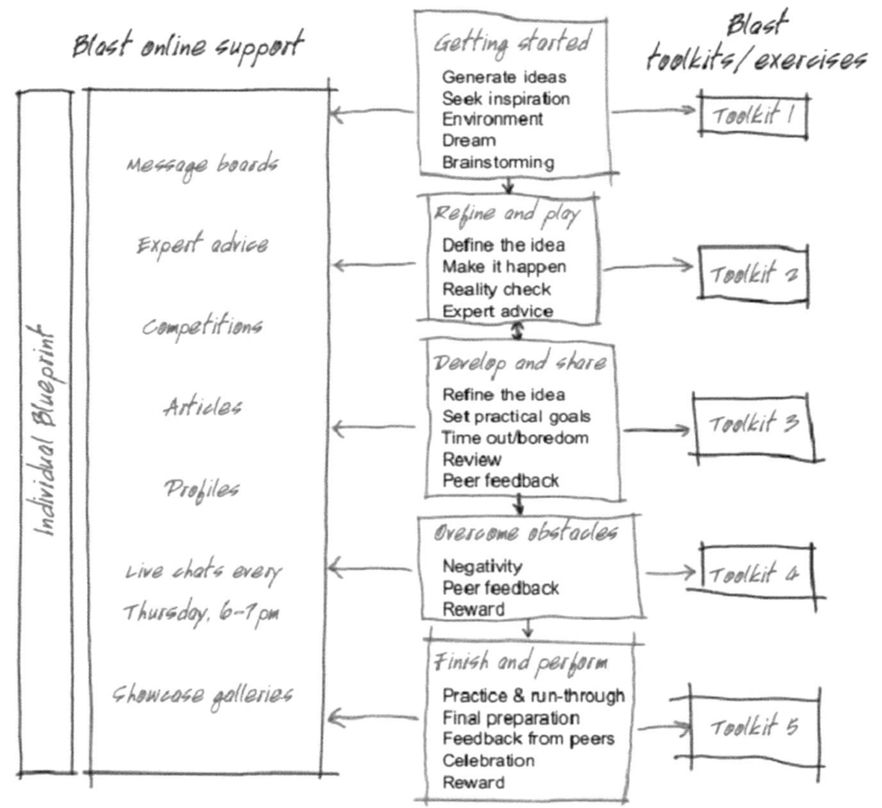

〈BBC Blast 창의성 훈련 프로그램 과정 및 온라인 지원(bbc.co.uk/blast) 활용 방안〉

❸ 창조과정의 심리적 경험

가. 창조과정은 몰입의 경험이다.

창의성을 발휘하여 새로운 것을 만들어 내는 창조과정에서 사람들이 느끼는 기분을 칙센트미하이는 몰입의 경험이라고 부른다. 사람들은 무언가 새로운 것을 만들거나 발견하는 창조과정을 즐긴다. 몰입의 경험은 바로 이처럼 즐기면서 하는 것이고, 돈이나 명예를 바라지 않고 무엇인가를 열심히 즐기면서 할 때의 최상의 경험을 말한다. 여기서, '열심히 할 때'라는 조건이 중요하다. 대충 대충 하는 상태, 혹은 긴장을 풀고 쉬고 있을 때는 몰입을 경험할 수 없다. 그보다는 능력을 확장하거나 새로움과 발견된 고통스럽고 위험하고 어려운 활동을 할 때 느끼는 경험이다. 몰입의 상태란 달리 표현하면 의도하지 않아도 완전히 의식을 집중한 상태에서 막힘없이 자동적으로 일을 진행할 때의 느낌이다.

몰입의 경험으로서의 창조 과정은 능력과 행동과 동기의 측면에서 다음과 같은 특징을 가진다.

• 해결할 문제를 분명하게 인식해야 한다.

때로는 무의식의 도움에 의지하여 문제의식이나 목표를 발견함. 시인에게 들리는 뮤즈의 목소리, 떠오르는 환영, 혹은 영감의 채널 맞추기(channelling)라 불리우기도 하는 신비스러운 마술에 걸리는 과정이 필요.

• 스스로 평가할 수 있는 능력을 갖춘다.

쓸데없는 아이디어를 붙들고 시간을 낭비하며 전전 긍긍하지 않음.

- 도전과 능력이 딱 맞아떨어진다.

시작할 때의 고통은 극심할 수 있음. 그러나 이를 극복하면 머리가 아니라 손가락이 글을 쓰는 식으로 저절로 글이 써지는 느낌. 현재에 집중함.

- 오랫동안 집중하고 몰두할 시간을 확보한다.
- 내재적 동기화에 의해 일한다.

시간이 걸리더라도 자신이 좋아하는 일을 즐기면서 하는 것에 의미를 두고 돈이나 명성을 추구하지 않음.

도 도 로 끼 히 로 시 상 과 대 담

Q : 오타쿠는 부정적인 의미를 가진 말인가요?

A : 말의 뉘앙스로 볼 때 팬이라고 하면은 상당히 긍정적이고 오타쿠라고 하면 무언가 부정적인 느낌이 들고 외부와의 단절되어 있고 자기중심적이라는 의미가 떠오르지요. 또 오타쿠라는 말의 기원이 그렇잖아요. 오타쿠는 당신이라는 뜻인데 상대를 무슨 분이라고 하지 않고 당신이라고 부르는 것이죠.
진짜 오타쿠는 혼자서 대인관계가 안 되니까 말이 되는 사람끼리 잘 어울리는 것이죠, 저도 기차 마니아인데 대학 때는 철도 동호회에도 들어갔었고요. 저는 대학이나 고등학교 때에 만화동호회에 속하고 있었어요. 동호회에서는 만화를 보고 단순히 우와~하는 것이 아니고 서로 평가를 하는 데 좋아하는 사람들 끼리 평가하는 것이지요. 이런 면에서 대학의 만화학과에서 배우는 것과는 전혀 다릅니다.

Q : 이들이 남는 모든 시간을 만화를 그리지 않으면 미치게 만드는 그런 것, 바쁨에도 불구하고 자투리 시간을 이용하게 하고, 그 직업을 못하는 한이 있다고 해도 만화작가의 꿈을 접지 않게 그렇게까지 사람을 미치게 만드는 여건이 있었을 거라고 생각되는데요.

Q : 그리고 아까 마니아에 대한 말씀과 관련해서인데요, 일본에는 동인지를 판매하는 곳이 있더라구요. 우리나라 같은 경는 그런 샵은 없거든요. 일본의 동인이나 그런 쪽에 많이 발달되었고 그러한 판매소가 여러 곳이 있다는 이야기를 들었어요. 우리나라와는 다르게 말이죠. 그런 곳에서 개방되고 판매할 수 있고 내가 그린 것을 다른 사람에게

보여주고 그러니까 일본만화 같은 것을 보면 아주 신기한 장르 같은 것을 만들어서 만화를 소재로 쓰는 경우도 있어요. 우리나라는 그런 곳이 드물거든요. 옛날 동인시대부터 연습이 되어서 만들어지는 것이 아닌가라고 생각해 보았습니다.

Q : 주위에 친구나 후배나 이런 실험적인 만화를 그린다던지 캐릭터같은 것을 디자인하고 이런 동인활동을 하는 사람이나 오타쿠 중에서도 실험적인 활동을 하는 작가 오타쿠가 있으면 만나서 물어볼 것이 참 많은데, 일본에는 그런 사람들을 만날 수 있는 곳이 있는가요?

A : 코믹 마켓이란 것 아시나요? 일년에 두 세 번 전시장(코엑스 같은 곳에서)에서 공연도 해요 실용만화도 있고 오타쿠 만화도 있고 엽기만화도 있고 애니메이션도 있고 다른 마니아들도 다 모여가지고 우리는 오타쿠의 제전이라고 하는데 얼마 전에도 했었어요. 그곳에서 자기가 파는 상인이 되면서도 바이어가 되는 것이지요. 주고받고. 오타쿠들이 모이니까 자기가 가지고 온 것을 팔고 또 사고하는 것인데 전 한번밖에 못가 보았는데 정말 엄청나요. 그런 곳에 직접 가서 물어보고 하면 정말 많은 도움이 될 것입니다. 1년에 3번 정도 열리는데 지금 인터넷에 검색해보면 나올 겁니다.

Q : 한국인의 대충하는 문화와 일본인의 완벽정신을 비교할 수 있을까요?

A : 한국 사람들이 하시는 그 음식에 빗대어서 이야기하면 일본은 밥을 시키면 최소한의 양만 나오고 한국에서는 먹지 못할 만큼 나오고하는 그런 차이가 아닐까 생각합니다.
개인적인 생각에는 일본사람은 주는 밥은 다 먹어야 한다는 강박관념들(남기면 절대로 안된다~)때문에 상대방이 그것을 알면서 그 사람이 먹을 양만큼만 주는 것이지요.
다른 상품이나 그런 것도 자신이 최소한 필요로 하는 성능, 필요한 크기, 필요한 내용 그것을 딱딱 맞추어 주는 것 같다는 생각이 들어요. 한국에서는 그것보다 푸짐하게 내주었다는 것이 중요한 것 같아요. 그래야 다음부터 손님도 또 온다는 얘기죠. 집에서 집들이를 했는데 한국 사람인 집사람이 많이 만들었지만 제가 엄명을 하였기에 음식을 절대로 남기지 않게 하였습니다.
남겨서 버리는 것이 말이 안 된다고 생각하였기 때문입니다.
이러한 차이는 어떠한 것이 좋고 나쁘다는 차이가 아니라 그 나라 문화의 차이인 것 같습니다.
일본은 100% 소화하는 것을 목표로 하기 때문에 아까 처음에 말씀하신 것과 비슷한데요(선진국의 특성이라~) 일본 보도 블럭의 예도 그렇지만 완벽을 기하는 부분이 있는 것은 확실한 것 같아요 지나칠 정도로 노력을 해요.
그런데 완벽을 기하기 위해서 100%노력을 해도 30%정도는 결국 못할 수가 있거든요
도둑이 못 들어가게 하기위해서 24시간 내내 경비원이 지키고 있거나 아니면 30분씩만 경비원이 지나 다닌다고 해도 양쪽 모두 똑같이 범인을 막을 수는 있어요.

우리가 생각하기에는 24시간 경비를 선다는 것이 지나친 낭비라고 생각할 수가 있는 것이죠. 그런데 일본사람은 100%의 완벽을 위해서는 24시간 근무가 필요하다고 생각하는 것이지요.
아까 말한 보도 블럭도 약간 삐져나와봤자 그것을 밝힐 사람이 얼마나 있겠어요. 평생 없을 수도 있을 겁니다. 그러니까 한국에서는 그 정도는 괜찮다고 봐주는 것이지요. 저는 그런 것을 70%의 노력이라고 생각합니다.
100%의 노력이 중요한 가 70%의 노력이 중요한가는 서로 장단점이 다를 뿐이고 무엇이 좋다 나쁘다고 이야기할 것이 아니라고 생각합니다.
여행사도 품질을 높이기 위해서 항상 100%의 노력을 합니다. 100%의 노력을 하기 때문에 대부분의 염려는 쓸 때 없는 걱정으로 끝이 납니다.
하지만 그런 것도 다해야 틈새 없는 상품이 생긴다고 생각을 하니까 그런데 사실 그런 것 때문에 지치기도 하지요.

*도도로끼 히로시상은 서울대학교 대학원 지리학과에서 한국의 옛길을 주제로 박사학위를 받은 한국문화 연구자이다. 그는 자신이 어릴적부터 일본 애니메이션의 영향을 받아 '기차마니아'가 되었다고 설명해 주었으며, 이번 창의성 여행 기간동안 많은 자문을 해주었다.

나. 창조과정은 장인 정신의 발휘이고, 오타쿠의 자기 표현이다

몰입의 경험과 유사한 창조과정의 경험을 의미하는 개념으로 장인정신, 혹은 일본적 상황에서 나온 말이겠으나, 오타쿠적이다라는 표현이 많이 쓰이고 있다. 좋아하는 것을 스스로 학습하고 탐구하는 열정, 오랜 기간 뜨거운 열정을 가지고, 파고 또 파고 들어 완벽을 꾀해 나가는 과정이라는 점에서 창조과정은 장인 정신의 발휘이다.

오타쿠의 창조과정도 자신들이 좋아하는 것을 반복 시청하고 반복해서 경험함으로써 스스로 기술을 터득하여나가고 결국에는 새로운 창조자가 되는 과정이다. 만화 오타쿠들의 작업과정을 황상민(2004)은 〈대한민국 사이버 신인류〉에서 살펴보고 있는데, 이 과정은 다름아닌 몰입경험의 창조과정이다. 이들이 에반게리온과 같은 만화를 창조해낼 수 있었던 것은 정규 만화 교육과정에 의해서가 아니었다. 보통 정식 만화가가 되는 과정은 스튜디오나 스승을 통한 도제식 수업을 통해 이루어진다. 일정한 수련을 쌓은 후에 수년 간의 실습을 거쳐 만화를 그릴 수 있게 된다. 그러나 오타쿠는 자신들이 보고 또 보고 경험한 만화를 모방하거나 변형하면서 이들은 숙련되고 완성된 기술자들이 보지 못하는 다른 측면을 본다. 오타쿠들은 자신들의 경험을 '동인지' 등의 방식으로 공유해 나간다. 우리나라 온라인 게임 개발자도 대부분은 게임에 빠진 폐인이었다. 이들의 게임개발과정은 오타쿠의 만화영화창조와 유사한 창조과정을 거쳤는데, 게임을 수백 번 반복하면서 해 보는 과정을 통해 게임의 기본 기법을 스스로 마스터했다.

❹ 어떻게 창의성을 개발할 수 있을까?

가. 어떤 사회, 어떤 장소가 좋을까?–창의성 생태계

창의성개발을 위한 최적의 생태계는 창조과정을 용이하게 해주는 조건과 근본적으로 창조의 내용을 불러일으키는 조건을 모두 갖추어야 할 것이다. 창의성 개발을 위해 생각해야하는 '위치'의 문제는 맥도널드가 점포가 들어설 부동산의 위치를 결정하는 것 만큼 심각하다. 즉,

일본 콘텐츠 창의성 생태계

일본의 캐릭터 비즈니즈의 창의적 생태계는 캐릭터문화가 일본의 전통문화에 기반하고 있으며, 세계최강의 캐릭터 소비자 집단을 배경으로 하고 있다는 점에서 최적의 조건을 갖추고 있다.

일본 캐릭터문화는 전통문화로서 일본에서는 불상, 우상 숭배, 네스케, 부적, 요괴전설, 칠복신이나 고양이가 기호화 된 것으로 앞발로 사람을 부르는 시늉을 하는 고양이 장식물 마네키네고 등 우상이나 인형, 가공의 생물을 가까이 두 거나 몸에 가지고 다니는 것을 좋아하는 민족이다. 일본인은 캐랙터를 좋아하는 DNA를 가지고 있으며, 사회에서 캐릭 터를 받아들이는 여지는 90년대 들어 더욱 확대되고 있다.

일본 여고생 소비자는 최강의 캐릭터 소비자이며 아저씨도 캐릭터를 찾는다. 성인까지 캐릭터를 받아들이는 독특한 문화이다. 일본의 캐릭터 1세대는 키티, 스누피, TV 애니메이션에 저항감을 느끼지 않는 세대이다.

애니메이션이나 게임도 성인이 충분히 즐길 수 있는 수준이다. 아이였을 때 매료된 만화나 애니메이션을 성인이 되어 도 '졸업'하지 않는다. 이것을 성인의 퇴행으로 여겨지지 않는다.

일본에서는 20세를 지난 성인이 태연히 사람들 앞에서 만화를 읽어도 주위에서 비웃는 얼굴을 보이지 않는다. 일본인 은 데츠카 오사무 또는 그 영향을 강하게 받는 만화가들의 작품을 읽음으로써 만화라는 것이 소설이나 영화와 마찬가 지고 창조성이 가득한 세계라는 것을 알고 있다. 오사무 만화는 디즈니 만화 애니메이션이 회피하는 인간의 생과 사, 성과 본능적인 욕망까지 만화잡지 속에서 표현하였다. 즉, 인간을 묘사한 것이다. 그러한 작품은 어렸을 때부터 읽은 일본인에게 코믹 문화를 낮게 평가하거나 이이들이 읽는 것으로 무시하는 발상은 나올 수가 없는 것이다.

또한 그러한 태도는 애니메이션이나 괴수영화, 게임 등 만화의 연장 상에 있는 문화에 대해서도 마찬가지이다. 성인 중에서도 애니메이션이나 게임 팬은 엄청나게 많다. 성인이 되었으니까 이제 만화에서 졸업해야 한다는 식의 생각은 찾아 볼 수 없다.

미야시타 마코토, 2002 〈캐릭터비즈니스, 감성체험을 팔아라〉 넥서스books

도도로끼 히로시상과 대담

만화를 보는 문화 -홈리스까지

Q : 제가 들은 이야기도 있는데 홈리스들(노숙자)이 지하철에서 만화책을 다 본것을 수거하여 파는 모습을 이야기로 들었고 그 사람들이 홈리스라는 이야기는 나중에 들어서 알았구요 그런 사람들까지 경제활동을 한다는 것이 저는 굉장히 놀라웠습니다.

Q : 좌판을 벌여놓고 팔기도 하더라구요…… 그 사람들이 그만큼 역동성이 높다는 이야기죠. 만화자체에 대해서 말이죠. 보았던 만화라도 볼려고 하는 사람이 있으니까 그런 것이겠죠.

A : 아침에 출근하자마자 보기도 합니다……

창 의 성 의 성 취 에 중 요 하 게 작 용 하 는 요 인

비즈니스 창의성의 성취에 중요하게 작용하는 요인 중 하나로 국가의 지원 정책이나 사회전반적인 분위기를 들 수 있다. 한 미발표 국제 비교 연구의 결과 (CDMA의 성공에 기여한 18요인에 대한 인터뷰 자료 분석)에 따르면 우리나라의 경우 창의적 IT 산업의 성공에 있어서 국가의 지원 정책이 가장 중요한 것으로 나타났다. 개인적 요인으로서는 내재적 동기가 가장 중요하다. 반면 미국의 경우 대인관계 등 그룹(group)요인, 시스템 요인이 중요한 것으로 나타났다. 아마도 우리나라에서 체계가 미비한 때문일 수도 있다.

우리가 앞에서 논의 했듯이 창의성을 전적으로 개인의 업적이라 보지 않고 현장과 영역과 개인의 상호작용 속에서 찾는다면, 영역과 현장조건이 유리한 지리적 위치와 장소가 중요하다.

우선 영역의 지식이 고도로 발달하고 이런 지식에 접근할 기회가 많은 곳이라야 한다. 사회의 문화적 전통이나 혹은 지적 전통이 강한 곳, 전 사회적으로 문화자본이 강한 곳, 조직화된 자료와 축적된 정보를 효율적으로 얻을 수 있는 곳이 창의성을 위한 좋은 생태계를 구성할 것이다. 창작 콘텐츠의 샘은 조안 롤링의 해리 포터나 우리 나라의 박경리, 박완서의 작품에서처럼 전래이야기나 그 사회에 널리 알려진 신화인 경우가 많다.

또한 같은 분야에서 일하는 다른 개인과 집단, 조직의 활동에 연결되어 가시적이거나 가상적인 공동체에 소속하게 되면 창의적 성취에 도움이 된다. 말할 것도 없이 현장에 접근하는 기회가 좋은 곳이 창의성 개발에 도움이 된다. 사례에서 보다 자세히 다루어지겠지만, 미야자끼 하야오와 스즈끼 토시오의 조합이라는 현장 조직적 특성이 창의적 콘텐츠를 생성해내는데 좋은 구조적 기반이 되었다.

일반적인 풍토로는 다양성과 개방성과 개성이 존중되는 풍토일수록, 그리고 상호교류가 활

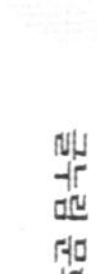

발하고 보다 많은 자극과 다양한 사고를 제공하는 곳일수록, 다시 말하면 사회적 분위기가 관용적일수록 창의성 개발에 도움이 될 것이다. 풍요롭고 국제적이며 변화의 중심지가 그런 장소일 것이다.

나. 창의성 개발에 도움이 되는 물리적 환경은 어떤 환경인가? (창의성의 풍수지리)

새로운 관점에서 상황을 바라볼 수 있도록 도와주는 환경이면 좋다. 신비하고 복잡한 감각 경험, 시각 경험은 물론이고 새소리, 물 흐르는 소리, 대기의 냄새와 느낌까지… 이 우리의 주의를 평상시의 습관에서 끌어내서 새롭고 흥미로운 방식을 따라가게 만들기 때문이다. 아름다운 환경에서 한가로이 거니는 것이 창의성 개발에 도움이 될 것이다. 그리스 철학자들은 주변의 골목들을 배회하면서 허물없이 나누었던 광범위한 대화에서 얻는 것이 더 많았다. 물리적인 환경이 우리의 사고와 감정에 깊은 영향을 준다는 증거는 여러 문화에서 볼 수 있다. 그러나 쾌적한 환경이 창의성을 이끌어낸다는 인과관계가 증명된 것은 아니다.

편하고 안정을 느끼는 자신만의 특별한 공간(나뭇가지, 꽃, 골동품. 개성을 반영하는 물건. 위안을 주는 상징물로 둘러싼 공간)을 만드는 것도 도움이 된다. 자동차 안도 좋다. 자동차는 생각하는 기계라 불리우기도 한다. 사무실과 정원 우리의 세계관을 반영하도록 꾸밀 수 있다. 내 자신을 반영하는 환경은 개성을 발전시키고 창의성을 향상시키는데 도움이 될 뿐 아니라 외부세계를 잊고 일에 완벽하게 몰두할 수 있는 여건을 제공해 줌으로 중요하다. 창의성을 향상시키는 몰입의 여건을 마련해 주는 것이 중요하다.

다. 창의성 개발을 위한 방법

1) 창의성을 향상시키는 생활습관

① 피아노치기, 산책, 정원돌보기

② 자고 먹고 일하는 데 가장 적합한 자신의 리듬을 찾아내기

- 편안한 옷을 입고, 마음에 맞는 사람들과 만나고 중요하다고 생각하는 일들만 한다. 괴팍하다는 인상을 줄 수 있다. 어울리기 힘들다는 인상으로 비치기도 한다.
- 이런 습관은 외부적인 요구에서 벗어나 중요한 문제에 집중하는데 도움이 된다. 집중할 시간을 확보하는 것이 중요하다.
- 스스로 시간을 관리한다. 주변의 요구에 따라 일을 했다고 말한 사람은 없었다.

<table>
<tr><td>

주변환경과 생활습관, 시간표 만들기

1. 우리가 일하고 생활하는 곳에서 우리 자신의 욕구와 취향을 반영해보자 집중적인 활동에 몰입할 수 있고 새로움을 자극하는 공간이 되게 하자. 우리주변에 있는 물건들은 스스로 원하는 사람이 되고자 하는 데 도움이 된다.

2. 시간표가 우리 자신의 리듬과 얼마나 적합한지 일과 휴식, 사색과 활동, 혼자 있거나 사람들과 함께 있기에 적합한 시간이 언제인지를 찾아보자.

</td><td>

창의적 잠재력을 표현하지 못하게 가로막는 네 가지의 중대한 장애

1. 너무 많은 요구에 지쳐서 정신에너지를 활성화시키지 못함

2. 쉽게 주의가 산만해져서 에너지를 보호하고 흐르게 하지 못하는 상황

3. 태만함. 즉, 에너지의 흐름을 통제하는 자제력의 부족

4. 자신이 가진 에너지로 무엇을 할지 모르는 것

</td></tr>
</table>

라. 줄리아 카메론의 창의성 기르기 −the Artist Way

1) 과정과 단계 밟기

① 과정에서 창의성이 일깨워진다

우리는 이미 손에 익은 기술이나 완성된 작품에 초점을 맞추기를 좋아한다. 마지막 결과물에만 관심을 쏟는다. "나는 시나리오를 쓰고 있어" 라는 말이 "나는 시나리오를 썼어" 라는 말보다 훨씬 더 유익하다. 과정에 초점을 맞추면 창조적인 생활에 모험심이 샘솟는다. 하지만 똑같은 생활이라도 결과에 초점을 맞추면 모든 것이 어리석고 황폐하게 느껴질 수 있다. 작품을 완성해야 내놓을 수 있다는 생각은 창의성의 걸림돌이다. 일을 하다 보면 새로운 영역을 탐험하고 싶어질 때가 있다. 그 모험심을 따리 가면 어떤 곳에 이를지도 모른다.

겸손하게 뭔가를 시작할 수 있는지 스스로에게 물어보라. 초보자가 되게 해달라는 것은 아티스트에게 언제나 최고의 기도. 초보자는 겸손하고 열린 마음으로 모든 것을 탐구하자. 탐구는 성취로 이어진다. 모든 것은 작고 두려운 단계부터 시작하면 된다.

② 단계 밟기

준비 없이 커다란 단계로 건너뛰기보다는 그 전의 작은 단계부터 하나씩 처리하는 것을 의미한다. 시나리오를 팔기위해서는 우선 시나리오를 써야 한다는 것. 시나리오를 쓰려면 우선 아이디어를 구상해야하고 한 번에 1장 씩 120장 분량이 될 때까지 그 수상을 종이에 써 나가게 한다. 여기서 단계를 밟는다는 것은 매일 종이에 써 나가는 그 과정을 뜻한다. 매일 써야할 분량을 써 내는 것이 단계를 밟는 것이다. 긴 시나리오라도 매일 조금씩 써 나갈 수 있는 정도,

이를테면 빨래를 하기 전에 재빨리 쓸 수 있는 두어 장 분량의 원고면 충분하다.

2) 심리적 장애물

창의성이 막혀있는 것은 게으름이 아니다. 창의성이 막힌 사람들은 자기 회의에 에너지를 소비하고 있다. 거대하고 실현 불가능한 과제들부터 떠올린다. 시작조차 못할 때, 그들은 게으름 때문이라고 말한다. 그러나 시작하기 못하는 것을 게으름이라고 표현하지 말아야 한다. 그것은 두려움이다. 완벽하게 하지 못하는 것에 대한 두려움, 미완성에 대한 두려움, 실패와 성공에 대한 두려움, 시작하는 것에 대한 두려움들이다. 위대한 작품을 만들어야 한다는 생각은 결국 어떤 작품도 만들어 내지 못하게 한다. 어떤 일을 시작하지 못한다는 것이 그것을 할 수 있는 능력이 없다는 말은 아니다. 그것은 당신 자신으로부터의, 당신에게 힘이 되는 사람으로부터의 도움이 필요하다는 것일 뿐이다.

창의성의 적

첫 번째는 내 안의 비평가. 위대한 예술가와 비교하는 내 안의 비평가.
두 번째는 근사한 자아 혹은 부풀려진 자아. 칭찬이나 부풀려진 인정을 추구하지 않고 겸손하게 손안의 일을 해나가지 않고, 자아를 부풀려 거창한 행위를 행하는 것. 즉, 아주 거창하게 아주 근사하게 할 수 있을 것이라고 스스로에게 또는 세상에 공표하는 것. 자기를 초인으로서 거짓되게 보여주는 것 등
대신, 자신을 있는 그대로의 나를 받아들여야 한다.
〈자료 : Mark Bryan & company and the Artist's way at work-newsletter, "creativity, compassion and self-hate-part two"에서〉

3) 열정, 노는 것처럼 일하는 것

훈련보다는 열정이 필요하다. 노는 것처럼 일해야 한다.

4) 창조적 U-턴=창조적 자살 행위

우리는 보통 첫 번째 작업이 성공을 거두기 직전이나 혹은 의외의 성공을 거둔 뒤 그 여파를 견디지 못해 창조적 자살 행위를 시도하곤 한다. 지속적으로 생산적이고 창조적이어야 한다는 위험을 감수할 신념이 부족하기 때문이다.

U-턴은 갑작스런 무관심으로 나타난다. "이게 무슨 대수람…… 다른 사람들은 모두 한참 앞서 가 있는데……"다른 사람들이 한참 앞서 있다는 말은 맞는 말이다. 그러나 그렇다고 우리가 그 일을 그만둔다면 그들은 영원히 우리보다 앞서 있을 것이다.

창조적 아티스트의 U-턴

나는 30대 중반에 2년 동안 〈시카고 트리뷴〉지에 기사를 썼던 적이 있다. 그동안 나는 구로자와 아키라, 케빈 클라인, 줄리 앤드류스, 제인 폰다, 블레이크 에드워드, 시드니 폴락, 씨씨 스패이식, 시고니 위버, 마틴 리트, 그레고리 하인즈를 비롯한 50여 명의 아티스트들과 인터뷰를 했다. 나는 이들과 좌절, 즉, 내가 U 턴이라 부른 것에 대해 이야기했다. 그들의 남다른 성공에는 그런 U 턴을 피하거나 그것을 만회하는 능력이 재능 못지 않게 중요했다.

블레이크 에드워드는 핑크 팬더 시리즈 등 코미디 영화 감독이다. 그도 7년 동안 스위스에서 은둔했던 적이 있다. 자신이 기획한 영화에서 쫓겨나 그가 애착을 가졌던 영화가 다른 감독에 의해 만들어 지면서 망가지는 것을 지켜보아야 했다. 상처입은 표범처럼 에드워드는 상처를 치유하기위해 알프스로 잠적했다. 그리고 7년이 지난 후에야 그의 창조성 때문에 생긴 상처의 치료법은 시간이 지나기를 기다리는 것이 아니라 창조성을 발휘하는 것이라는 결론을 내리고 감독으로 되돌아 왔다. 그후로 그는 이러한 철학을 고수하며 적극적으로 활동하고 있다. 그리고 빼앗긴 7년의 휴식에 대해 후회하고 있다.

유명한 아티스트들도 한때 U턴의 시기가 있었음을 기억하라.

(자료 : 줄리아 카메론, the Artist Way)

---

4. 창의성 여행, 셋째 날 : 콘텐츠 성공사례 분석

✻ 나레이션

일본을 뒤진 창의성 여행을 마감하면서 워낙 짧은 일정을 극복할 탁 트인 지평을 찾지 않을 수 없게 되었다. 일본 콘텐츠 역사를 통틀어 가장 전형적인 창의성 발현 사례로는 무엇을 들 수 있을까? 또 미국이나 다른 나라에서는 무엇을 구할 수 있을런가? 이를 사례를 다시 한 번 찬찬히 조사하고 분석해봄으로써 우리가 정녕 얻고자 하는 창의성의 씨앗들을 주울 수 있지 않을까?

(1) 셋째 날 여행기, 그리고 여행 다음 나날들

시부야 또 다시, 도큐핸즈 한 번 더

우리는 이번 창의성 여행을 마치는 셋째 날 남은 열정과 동전, 지폐, 카드를 죄다 던질 대상으로 시부야를 다시 택했다. 일행은 오전에 주어진 3시간 정도 동안에 2팀으로 나뉘어져 백화점과 도큐핸즈, 서점 등을 헤치고 다녔다. 그냥 다닌 게 아니라 헤집고 다닌 이유는 다름 아닌 서설, 시부야에 퍼붓듯 내리는 눈 때문. 우산을 받쳐가며 찾은 시부야 도큐핸즈는 예상대로 이케보쿠로 것보다 더 커보였다. 일본의 도큐핸즈에는 무엇이든 있다는 말이 있는데 여기서 제대로 실감할 수 있었다. 문구부터시작해서 가구나 건강용 상품 등 심지어는 파티용 이벤트 악세서리까지…… 정말 눈에띄게 재미있는 상품이 즐비하였다 만약 도쿄에서 특이한 선물을 사고싶으면 이곳으로 가라고 하고 싶을 정도로…… 한 층에는 수많은 식품완구와 미니피규어 그리고 완구로 가득 찬 진열대를 발견할 수 있었다.

도큐핸즈 내 일행들의 발걸음을 멈추게 만든 여러 지점 가운데 단연 압도적인 곳은 미야자키 하야오 공방인 지브리 스튜디오의 캐릭터 상품들이었다. 이웃집 토토로나 하울의 움직이는

 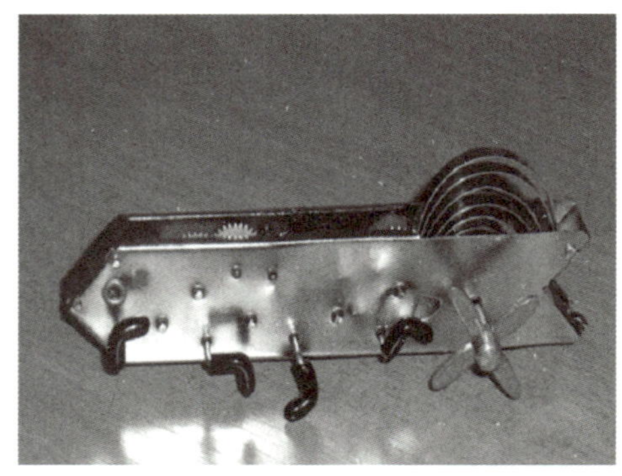

성과 같은 지브리 스튜디오의 애니메이션을 본 사람이라면 이곳을 그냥 지나쳐 갈 수가 없을 것이다. 애니메이션 속의 감동과 추억이 그대로 피규어에 담겨있다.

국내에서는 볼 수 없는 것도 상당수 발견할 수 있었다. 이곳에서 사온 물건 중 이런 것도 있었다 일종의 로봇인데 간단한 태엽과 리벳으로 어떤 친근한 동물 형상을 만들어 놓은 장난감이었다. 이 물건을 사면서 애니메이션 캐릭터와 기초 과학의 순수한 꿈을 공유할 수 있었다면 지나친 감상일까?

창의성 여행 앨범

우리가 다녀온 토토로 원정대 여행에서 역시 남는 건 사진 콘텐츠. 앞서 살펴 본 첫째 날, 둘째 날, 셋째 날 여행기에 미처 담지 못한 사진 20여 가지를 설명과 함께 다음과 같이 앨범으로 구성해보았다.

실제크기는 손안에 쏙 들어오는 크기의 로봇 피규어다.
이렇게 작은 피규어들을 자세히 쳐다보게되면 그 정교함은 저절로 입이 벌어지게 한다.
애니메이션에서 등장하는 캐릭터들을 피규어로 제작하여 만든 상품들은 남녀노소를 가리지 않고 구매욕을 불러일으킨다.

캐릭터 상품들의 재치있는 디스플레이

한국에서도 볼 수 있었던 귀여운 테디 곰인형과 아기를 캐릭터화한 다양한 상품들이 진열대에 깜찍하게 정리되어 있다.
손이 굉장히 많이 가는 수공예 제품들이며 그에 걸맞게 가격도 엄청난 고가품이다.

대형 피규어의 정교함과 색상
제품의 재질은 분명 한국에서도 볼 수 있는
플라스틱재질이다.
하지만 똑같은 재료로 더욱 창조적이고 정
교함의 표현기술은 놀라운 수준이며 다소
선정적인 피규어 상품들도 눈에 보이지만
그것도 일본의 문화인 것이다.

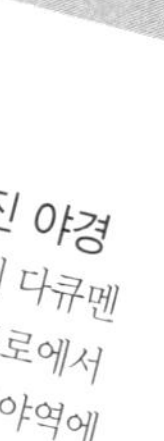

시부야의 멋진 야경
얼마전 서태지의 다큐멘
터리를 촬영한 프로에서
도 바로 이곳 시부야역에
서 촬영된 적이 있다.

우리일행도 그 자리에서 시부야의 야경을 담아보았다.
사진에서 보이는 건물의 최첨단 전광판은 화질 좋은
최신 브라운관을 확대해놓은 느낌을 불러일으키며 '문
화가 만든 미래형 도시다' 라는 느낌이 와 닿았다.

'용'을 재미있게 표현한 한 상점의 간판
평범한 네모난 간판보다는 재미있고 눈에 띄는 간
판이 사람들의 눈길을 한번 더 훔칠 수 있는 충분
한 요소가 된다.
우리나라에도 점점 이런 간판들이 늘고있지만 일
본의 간판제작 기술과 창의성에는 아직 못미친다.

아키하바라의 눈에 띄는 DVD샵
웹페이지를 보는 듯한 느낌으로 편집하여 제작되고 모든 장르를 다루고 있다는 내용이 한
눈에 들어오는 간판.
내용 중 Adult(성인물)이 가장 위에 있는 것이 인상적이다.

도큐핸즈의 키티 캐릭터매장

키티매니아라면 아마도 그냥 지나가지 못할 다양하
고 깔끔한 키티매장이다.
매장 전체가 화이트와 핑크로 물들어져있는데 이것
은 키티의 컨셉을 확실하게 반영하는 것이고 멀리서
도 색으로 브랜드를 멀리서도 알 수 있게하는 전략은
우리의 브랜드도 갖추어야 할 것이라고 느낀다.

핑크빛의 제품들이 매우 귀엽고 발랄한 느낌을 준다.
어떤 제품이라도 키티의 색상과 캐릭터가 들어간다면 귀엽고
발랄한 느낌을 준다.
여자아이라면 그냥 지나가지 못하고 엄마에게 조르지 않았을까?
아니 엄마 것을 고르느라 아이를 돌보지 못할 수도 있다.

을유년 닭띠를 맞이하여 연초에 판매될 닭 공예품
저렴한 가격의 기념품을 많이 정리하여 판매하고 있는 백화점의 모습이다.
일본인들의 수공품 실력은 정말 예술이다.
무엇이든 작고 깜찍하게 만드는 것이 그들만이 취향이자 재능인 것 같다.

도깨비인지 강아지인지 정말 재미있는 상품

일본의 인형 다루마와 탈 등… 다루마는 달마를
표현한 것으로 몇 번을 넘어져도 다시 일어나는
오뚝이는 인내와 노력의 상징하는 것이라고 한다.
사진에서는 잘 보이지는 않지만 눈이 하얀 것은
소원이 이루어 졌을때 눈동자를 그려넣는 것이라
고 한다.
일본인들에게는 길조를 비는 물건을 '엔기모노' 라
고 한다.
무섭게 생겼지만 귀여워 보이기도 하였다.

조그한 도자기를 바로 만들어 선보이는 일본의 도자기장인

접하기 힘들 수 있는 수공예품들을 백화점 내부에
모두 모아놓아서 관광객은 물론 일본인들에게도
그들의 전통과 예술품을 접하게 해놓았다.
우리나라의 도자기 기술이 더 뛰어나지만 도예가
이렇게 직접 도자기판매장에서 도자기를 제작하는
모습을 보여주는 것은 볼거리를 제공해 줌과 동시
에 또 다른 경쟁력이라고 할 수 있다.

이케부쿠로 거리에서 볼 수 있었던 재미있는 상점

원정대와 식당을 찾던 중 무심코 발견한 재미있는 길거리 상점 우리가
찾던 캐릭터 상품은 모두 다 있었고 재미있었으나 길거리라 역시 먼지가
조금씩 묻어있었다.
하지만 그래서인지 가격은 다른 곳들보다는 많이 저렴하였다.
특이한 점은 모든 상품이 각각 단 한 개라는 점이다.

이케부쿠로에 위치한 도큐핸즈

시부야에 본점을 둔 도큐핸즈는아이디어 상품들과 인
테리어 상품들이 가득한 곳이다.
젊은 층이 주로 많이 찾는 이 매장은 독특한 물건과 저
렴한 가격으로 여러 곳에서 많은 인기를 끌고 있다.

자개장의 느낌을 갖게하는 일본의 핸드폰 튜닝매장의 디스플레이
예전에 장롱이나 가구에서 볼 수 있었던 자개느낌의 문양
과 스티커들이 핸드폰을 매우 고급스러워 보이게 하며 얼
핏 보면 부적 같은 느낌을 주기도 한다.

2005년을 맞이하는 밝은 느낌의 세로형 현수막
밝고 기분좋은 서체와 캐릭터를 사용함으로써
시각적 즐거움을 안겨주는 배너 중 하나였다.

배용준(욘사마)의 사진은 어딜가나 쉽게 볼 수가 있었다.
말로만 '한류열풍이 정말 대단하다' 는 것은 일본에 가서
야 눈으로 직접 그 대단함을 확인 할 수 있었다.
욘사마는 길거리에서 쉽게 볼 수 있는 여러 광고에 출연
하고 있었으며, 그가 등장한 드라마가 담겨있는 미디어
는 어디서나 쉽게 볼 수 있었다.
그 외 한국노래와 음식 등이 백화점과 여러매장에 사람
들의 눈길과 발길을 잡고 있었다.

토토로 원정대의 길 찾기중…
사진을 찍고 있는 대원까지 모두 6명의 개인기
를 열심히 살려 창의성 여행의 진로를 의견을
모아 다시 한번 점검하고 있는 중.

재미있는 장난감과 장식품들이 눈길을 끈다.
버튼을 누르면 재미있는 액션과 음악을 선사
해주는 장난감들.
책상에 놓고 우울할 때 한번식 눌러주면 기
분이 좋아질 것 같았다.

이케부쿠로의 한 팬시상점

헬로우 키티는 일본의 대표 캐릭터로 군림하고 있다는
느낌을 여기서 강하게 받는다.
키티 전문매장이 아님에도 불구하고 매인 이미지로 키티
를 쓰고 있다.

정말 반가운 토토로와 라퓨타로봇…미야자키 하
야오의 지브리오 스튜디오 캐릭터 상품들이다.
다양한 포현의 연출로 모두들 포즈별로 하나씩의
기능과 재주들을 가지고 있었다.
(테이프 고정걸이와 미니 수족관, 달력 등.)

입이 다물어 지지 않을 정도로 방안을 가득 매운
피규어 자판기들 하나하나 매우 다양한 피규어 제
품들이 자판기 속에서 동전을 넣고 자기를 꺼내달
라고 여러 가지 포즈로 우리를 바라보고 있었다.
덕분에 우리의 주머니는 가벼워졌고 양손은 무거
워지고 말았다.

(2) 학습내용

❶ 일본 만화, 애니메이션 산업

가. 미야자키 하야오 공방과 협업 창의성

미야자키 하야오의 경우 사상가이자 匠人(Maestro)인 원작자로서 '가족의 정서'에 어필하고 있다. 「원령공주」, 「이웃집 토토로」, 「센과 치히로의 행방불명」(2002년 베를린 영화제 대상 공동수상) 등은 미야자키 하야오 감독은 평등한 원시적 기초 공동체주의 사상을 훈훈한 느낌의 아트 디렉션으로 구현하여 내용과 흥행 면에서 모두 성공하였다. 미야자키 하야오 감독의 스튜디오 지브리는 셀(Cell) 등 그림 애니메이션에서 축적한 色지정의 기법을 1999년 이후 성공적으로 디지털화하여 2D (차원) 애니메이션 세계시장의 독보적 위상을 점유하고 있다. 소재면에서도 일본 아니메는 고대 신화, 토테미즘, 귀신 둔갑이야기 등 희소하고 신비롭고, 친근하며 美的 형상면에서 뛰어난 대상을 가공하였다. 스토리텔링면에서도 가족단위의 에피소드를 대거 도입하여 부모와 아이가 함께 공감하고 즐길 수 있도록 배려함으로써 폭넓은 팬을 확보하게 되었다.

1) 자연에서 배운다

미야자키 하야오 작품에서 풍부하게 등장하는 창의적인 이미지와 스토리의 영감은 어디에서 나오는가? 한 갈래는 자연에서 찾을 수 있다. 이웃집 토토로의 경우 토토로라는 아주 독특한 모양을 한 곤충 같기도 하고 도깨비 같기도 한 형상은 숲속의 부엉이, 올빼미, 너구리, 들쥐와 같은 자연 생태계의 주인공들을 원형으로 삼아 작가가 만들지 않았나 싶다. 이에 관해 콘텐츠와 창의성 탐구에 함께 나선 토토로 원정대의 한 멤버는 "토토로는 숲속의 부엉이나 다람쥐를 관찰하는데서 자연스럽게 나오지 않았을까요?"하고 말한다. 본인 역시 시각 디자이너이기도 한 그는 가장 가까운 창작자의 환경에서 해답을 찾을 수 있다는 너무나 간단한 진리를 일깨워 준 셈이다.

2) 고전에서 배운다, 문화역사에서 가져온다

미야자키 하야오 콘텐츠 창의성의 또 한 갈래는 고전과 문화사에서 나왔다. 공전의 히트를 기록한 센과 치히로의 행방불명은 한마디로 '귀신, 둔갑, 잡신 이야기'다. 때문에 일본에 산재한 귀신과 둔갑, 잡신에 관한 스토리와 이미지를 취재하고 발굴, 수집하였을 것이라는 추측은 너무나 쉬운 생각이다. 일본이 고전과 문화사를 뒤진다는 것은 곧 동양의 고전과 문화사를 품는다는 뜻이 된다. 실제로 센과 치히로의 행방불명에 나타난 귀신 형상은 중국 고전 산해경에 등장하는 귀신의 이미지를 활용한 것이라는 비평도 있다. 물론 이 작품 하나에

토토로 형상을 응용한 스튜디오 지브리 박물관 표지판

111

센과 치히로의 행방불명과 귀신 형상

도 수없이 등장하는 독특한 이미지들은 좁게는 미야자키 하야오와 스탭들 자신의 기존 작품들과 그들의 일생에 직접적 영향을 준 일본 만화, 애니메이션, 게임 등 콘텐츠 역사와 생태계에서 명멸하였고 그들의 표현대로 오타쿠의 사랑을 받아 왔던 이름 높은, 또는 이름 없는 작품의 한 갈피에서 다시 부활한 메타 콘텐츠들이다. 은하철도 999와 같은 다른 작품에서 한 쪽을 가져와 다시 생명력을 부여할 줄 아는 재활용, 메타 애니메이션(다시 한 번 더 애니메이션화하는 개념)이 그들의 창의적인 특기라고 할 수 있다.

일본 게임업계의 스티븐 스필버그라고 칭송되는 닌텐도의 미야모토 시케루 또한 일본 문화사의 은총에 감사하고 있다. 그는 일본 게임산업을 다룬 디스커버리 채널 다큐멘터리에서 "어릴적 교토 지역의 일본 전통 가옥에서 살았다. 이 집에는 다락방도 있고 곳곳에 문이 있고 미로 같은 정원도 있었는데, 훗날 이 집에서 숨고 뛰어놀았던 경험이 게임 제작에 상당한 영향을

미야모토 시케루

미야자키 하야오의 안테나

미야자키 하야오는 한 영화잡지와의 인터뷰에서 "애니메이션을 만들기 위해 애니메이션을 많이 보지는 않습니다. 내게 필요한 정보는 원하는 시기에 나에게 온다고 믿기 때문에 장르를 구분하지 않고 다양한 것들을 접합니다" 라고 밝히기도. 이 말은 그가 어떤 분야 등 한번 안테나가 서면 주파수 안에 걸려든 모든 정보를 자신의 두뇌 속에 저장할 수 있음을 엿보게 해줌. 집중력에 바탕을 둔 창의성을 지닌 작가로서 미야자키 하야오는 책이나 잡지를 읽는 중에도, 텔레비전을 보는 중에도, 라디오를 듣는 중에도 또 사람들과 이야기하는 중에도 필요한 정보가 저절로 입력되기 때문에 스스로 느끼지 못하는 사이에 놀랄만한 정보 수집력을 갖게 된다고 할 수 있음.

끼쳤다. 전통 가옥의 공간 배치와 구조, 복도의 모양 등이 결국 게임 화면에서 디자인하는 미로와 공간에 그대로 적용되었다"고 증언하고 있다. 이와 같이 한 창의적인 작가의 직, 간접 체험을 보살펴온 그 사회의 문화적 자원은 곧 창의적인 콘텐츠 기획, 제작, 개발의 원천적인 에너지를 제공해주고 있다.

3) 스튜디오 지브리와 미디어, 기획자 스즈키 토시오

미야자키 하야오 공방으로 통하는 스튜디오 지브리는 2005년초 주식회사로 발돋움하였다. 이전까지 출판사 소속이었던 조직 체계에서 어엿하게 독립한 콘텐츠 전업 회사 브랜드로 성장하기에 이르렀다. 이 창의적인 명소의 태동과 역사를 보면 한 미디어와 한 기획자가 꽤나 깊숙이 관여하고 있음을 알 수 있다. 그것도 아주 핵심적인 역할을 담당하면서…… 그는 스즈키 토시오이다. 대략 1970년대말부터 줄곧 미야자키 하야오를 그림자처럼 같이 다녀온 이 사람은 본래 애니메이션 창작자 집단이 아닌 아웃사이더 저널리스트였다. 1978년 월간 아니메 쥬가 창간되자 그 당시 6년차 '돌격기자'로 사슴처럼 뛰어다니던 스즈키는 별안간 애니메이션 담당 기자로 발령을 받게 된다.

그의 첫 과업은 과거 명작들을 다루는 일이었고 이 때 취재를 다니다 당시 샐러리맨 애니메이터였던 미야자키 하야오를 만나게 되었다. 스즈키의 관찰에 따르면 지독한 스트레스속에 작업해야 하는 전형적인 일본의 편집광적인 애니메이터 미야자키 하야오는 일이 잘 안 풀릴 때는 겐 다마라는 장난감을 돌리며 아이디어를 얻곤 했다고 한다. 이렇게 시시콜콜한 면까지 기억할 정도로 친해진 스즈키 토시오와 미야자키 하야오는 훗날 일본 애니메이션 역사의 기념비

스즈키 토시오

적 작품이 되는 '바람계곡의 나우시카' 기획 아이디어를 포착하게 된다. 미디어 진영에서 애니메이션 사업도 많이 다뤄본 스즈키 토시오의 발달한 후각이 빛을 발하게 되는 결정적 순간이었다. 대략 다듬어진 이미지텔링 만으로 성공에 대한 확신을 얻은 스즈키 토시오는 '바람계곡의 나우시카' 원작을 처음부터 만들어나가자는 제안을 하게 되고 결국 1982년부터 만화잡지 연재가 개시되었다. 이미지와 단편적인 아이디어만 있고 원작이 주어지지 않았을 때 원작을 만들자고 하는 '콜럼버스의 달걀'과 같은 주장을 강력하게 편 스즈키 토시오 때문에 '바람계곡의 나우시카'가 창조되기 시작한 셈이다. 역시 이 콘텐츠는 인기를 얻었고 인기투표에도 상위에 랭크되면서 출판 단행본으로 나오고 다시 신문에도 소개되면서 탄탄한 준비를 해나갈 수 있었

다. 이 작업과 얽힌 에피소드가 하나 있다. 당시 '바람계곡의 나우시카' 애니메이션 작업을 위해 총력전을 펼치던 미야자키 하야오 군단도 어쩔 수 없이 스탭이 크게 부족해 더 이상 작업을 진행할 수 없는 상황을 맞게 되었다. 방편으로 신문에 모집 공고를 냈는데, 한 청년이 오사카에서 상경해서 좀처럼 풀리지 않던 '바람계곡의 나우시카' 클라이막스를 해결해준 일화다. 이 아마추어 풋내기 청년은 1천년 묵은 거신병 아이디어와 움직임, 전차 등 원화를 갖고 보여주었다. 이 장면이 '바람계곡의 나우시카'의 그 유명한 클라이막스가 되었음은 물론이다. 당시 미야자키 하야오라는 고수가 단박에 알아 본 이 고수는 바로 안노 히데야키였다. 그는 이후 신세기 에반게리온의 감독이 됨으로써 일본 애니메이션사의 한 획을 긋는 중요 인물이 된다.

1997년에는 사제지간이 동시에 원령공주와 에반게리온 등 히트작을 내기도 하여 화제가 되었다. 안노 히데야키는 특히 종말감이 투영된 독특한 세계관으로 생태주의 캐릭터 등을 창조하는 등 창의적인 콘텐츠란 측면에서 뚜렷한 발자취를 남겼다.

스튜디오 지브리라는 이름조차도 우연치 않게 창의적

스튜디오 지브리에서 함께 일하고 있는 미야자키 하야오와 스즈키 토시오

인 콘텐츠가 되었다. 본래 지브리, 'GHIBLI'는 사하라 사막의 바람이라는 뜻으로 2차 대전 당시 이탈리아 군용 비행기 이름으로 쓰였다. 스즈키 토시오는 "미야자키 하야오 감독이 들으면 기분 나쁘겠지만… 실수한 것이다. 원 발음은 지브리가 아니라 기블리에 가까운데 그가 잘 못 알고 한 것이다"고 일러주고 있다. 그러나 기브리가 되었어야 할 지브리는 결국 일본식으로 편한 대로 창조적 모방을 하게 된 것으로 남아 세계에서 하나 밖에 없는 멋진 이름으로 그 녹녹치 않는 존재감을 과시하고 있다. 그들이 이름을 지으면서 애니메이션 업계에 선풍을 일으키자는 뜻을 품었는데 지브리가 결국 진귀한 이름이라 가치가 있어서 그랬는지 스튜디오 지브리는 좋은 창의적 콘텐츠를 지속적으로 만들어내게 되었다.

스튜디오 지브리 건물 입구와 토토로 조형물

스즈키 토시오에 따르면 1988년 작품 이웃집 토토로의 이상한 생물체 토토로는 실제로 미야자키 하야오가 10년 정도 살던 곳 지명을 따온 것이라고 한다. 한자로 德門(?)이라고 부르는 이 토토로는 애니메이션의 배경이 되고 있는 쇼와 30년대 당시 시대 상황과 관련이 있는 괴물이라고 한다. 일본 사회가 빈곤하고 무기력해져 있을 때 희망을 줄 수 있는 캐릭터로서 토토로가 설정되었다는 애기다.

스즈키 토시오는 기획자로서 스튜디오 지브리라는 콘텐츠 업체의 경영 관리에도 중요한 역할을 담당하였다. 스튜디오 지브리가 한 때 연속적인 애니메이션 출시 성공에도 불구하고 경영상 위기를 겪었을 때 "이후 어떤 회사로 갈 것인가?"를 고민하는 과정에서 경영관리, 전략 부문에 감이 떨어지는 애니메이터들과 지속적인 대화를 통하여 결국 〈생활존립〉과 〈젊은 인재 육성〉 2가지를 목표로 정하는 중대한 결정을 이끌어낸 것도 기획자 스즈키 토시오였다.

이 경영상 목표를 위해 높은 수준의 임금을 보장 받는 사원제 도입이 관철되었고 이내 안정감을 찾은 스튜디오 지브리는 1991년 '추억은 방울 방울', 1992년 '붉은 돼지' 등 히트작을 줄줄이 내놓았다. 이에 힘입어 1992년에는 멋진 신사옥을 완성하였다. 이후 1993년에는 TV 스페셜 콘텐츠도 시도하였고 1994년 '폼포코 너구리 전쟁', 1995년 '귀를 기울이면', 1997년 '원령공주', 2002년 '센과 치히로의 행방불명', 2003년 '고양이의 보은', 2004년 '하울의 움직이는 성'과 같은 창의적인 아이디어가 샘물처럼 솟는 멋진 신세계를 개척하였다.

결국 미야자키 하야오와 스튜디오 지브리만으로 너무나 유명한 그들의 세계에 숨은 공력자인 스즈키 토시오라는 걸출한 기획자가 있었고 이 기획자는 다름 아닌 미디어 진영으로부터 온 뛰어난 관찰력과 감각, 출판 편집 노하우, 시장 및 산업 분석력, 경영 관리 능력 등을 지닌 복합적 인간형이었다는 점이 매우 중요한 부분이라고 하겠다.

나. 반다이의 캐릭터 비즈니스와 창의성

일본 반다이사는 1975년 비밀전대 고레인저 이후 현재까지 무려 30년 동안 매년 TV프로그램 전대 시리즈를 이어가며 캐릭터 비즈니스의 극치를 보여주고 있다. 아이들이 좋아하는 고가의 초합금 로봇이나 장난감 권총, 칼 등은 모두 이 전대 시리즈를 통해서 상품화되기 시작한다. 반다이는 매년 되풀이되는 사이클에 따라 상품 개발과 캐릭터 비즈니스를 극대화하는 독특한 전략을 보유하고 있다. 우선 반다이가 돈을 대는 수퍼 전대 시리즈는 매년 초 2월 중순에 새 시리즈를 개막한다. 이즈음 초반 3~4회 방영에서는 멤버와 극의 메커니즘 소개하는데 대부분 시간을 할애한다. 3월 중순부터는 등장하는 로봇이 합체를 하고 동시에 초합금 장난감 광고가 실제적으로 프로그램 안에서 자연스럽게 이루어진다. 이후 골든 위크(일본 황금연휴 기간)가 되기 직전에는 새 무기 꼭 내놓아 특수를 노린다. 이보다 좀 더 길고 더 큰 시장이 있고 아이들이 할아버지 할머니 용돈을 받아드는 여름방학이 오면 신형 로봇 을 또 내놓아 또한 빈틈을 주지 않는다. 최대 성수기인 크리스마스와 정월에는 한 해의 콘텐츠 캐릭터 상품을 모두 등장 시켜 재고를 소진하는데 주력한다.

이상이 반다이 전략이라고 불리는 일본 캐릭터 비즈니스 최고봉의 세계다. 여기서 하

일본 전대 시리즈물과 캐릭터 완구 상품

나 특이한 것은 반다이의 이러한 노골적인 상업주의가 역설적이게도 일본 콘텐츠 작품 자체의 창조성과 완성도를 높이는데 기여하는 부분도 있다는 사실이다.

위의 사례에서 살펴 본 수퍼 전대 시리즈 매회 22분에서 5분이 사실상 반다이의 장난감 광고이다 보니 실제 프로그램 제작자와 스탭들은 주어진 17분 안에서 어쨌든 스토리텔링과 이미지텔링을 꾸준히 전개해나가야 하는 악조건과 싸우지 않을 수 없게 되었다. 이 과정에서 그야말로 장인정신이 요구되고 이에 잘 부응해온 일본의 애니메니터 등은 그야말로 정밀하고 섬세한 디테일이 강한 콘텐츠 기획과 제작에 강점을 보이게 되었다는 분석이다. 이는 자본이 늘 풍부한 가운데 콘텐츠 비즈니스가 일어났던 월트 디즈니와 미국의 콘텐츠 산업과는 상당히 다른 형태이기도 하다. 구체적으로 애니메이션 산업에서는 풀 애니메이션의 미국과 리미티드 애니메이션의 일본이 서로 다른 길을 가면서도 각자가 일가와 경지를 이루면서 세계 시장을 리드하는 '윈 – 윈' 현상으로 좋은 성과를 나타내기도 하였다.

❷ 미국 미디어 기업 사례

가. 뉴욕타임즈 T 스타일

뉴욕타임즈는 타임즈의 이니셜을 강조한 'T' 스타일을 다각화는 물론 새로운 미래 미디어의 새로운 콘텐츠를 선도하고 상징하는 하나의 브랜드로 포지셔닝하고 있다. 이 브랜드 작업은 2004년 8월부터 개시되었는데, 주로 특별한 패션, 디자인, 라이프스타일 등을 우선적으로 다루면서 일반적인 구독자가 부담 없이 탐닉할 수 있는 소프트한 콘텐츠가 주종이다. 2005년부터는 격조 높은 여행(sophisticated traveler)과 같은 추가 아이템을 개발하게 된다. 뉴욕타임

뉴욕타임즈 매거진(일요판)의 새로운 'T' 스타일

즈는 이 새로운 브랜드 개발과 발진을 위하여 에스콰이어지의 스테파노 톤치를 영입하여 대대적인 콘텐츠 혁신을 준비해왔고 현재(2005년초) 까지는 좋은 평을 얻고 있다. 이 새로운 스타일의 매체가 지향하는 바는 "must read for style-conscious consumer(스타일을 의식하는 편인 독자라면 반드시 읽어두어야 하는 콘텐츠)"이다. 이러한 대변신의 흐름에 맞춰 뉴욕타임즈 그룹 소속인 뉴잉글랜드 미디어 그룹에서도 'T' 스타일과 흡사한 라이프 스타일 잡지를 표방하는 Worcester Quarterly 를 만들게 되었다. 'T' 스타일은 '세련됨'을 키워드로 다각화 전략을 전개하고 있는 전형적인 사례이다.

나. 니클로디언 효과

뉴욕타임즈는 마치 빌보드 차트와 같이 2~3주간에 걸쳐 주기적으로 미국 콘텐츠 산업의 각 영역별로 매출 및 시청률 순위를 집계해 '탑 10 리스트'를 발표하고 있다. 여기에는 공중파 방송과 케이블 방송, 음악, 영화, 비디오/DVD 렌탈, 잡지 등이 포함되어 있는데 매번 리스트가 발표될 때마다 전체를 통틀어 거의 변하지 않는 '구조'가 있어 눈길을 끌고 있다. 케이블 방송

120

콘텐츠 시청률 순위 탑 10리스트를 니클로디언(Nickelodeon) 채널 하나가 매번 석권하고 있는 사실이다.

2005년 4월 25일 ~ 5월 1일 기간에 최소 30분 이상 케이블 채널에서 방영된 수백 개가 넘는 프로그램중에서 1~10위 10개 프로그램 가운데 니클로디오 스폰지밥, 패밀리오드 등이 각각 다른 시간대를 모두 합쳐 3위부터 10위까지를 휩쓸었다. 이처럼 니클로디언은 동종 시장에서 디즈니나 워너브라더스와 같은 콘텐츠가의 명품 브랜드를 제압함은 물론이고 지구

니클로디언 게임 상품 생산 라인

※ 주 : 미국 매사추세츠 이스트 롱메도우의 하스브로 게임공장에서 미국의 어린이방송채널인 니클로디언의 TV쇼 스펀지밥 스퀘어팬츠 의 캐릭터 스펀지밥 스퀘어팬츠(왼쪽)와 패트릭(가운데)이 니클로디언 라이센스 게임의 생산라인을 소개하고 있다. 이 게임들은 2005 국제 토이 페어에 맞춰 제작되었다.
※ 출처 : 뉴욕타임즈 닷컴(www.nytimes.com)

상에서 가장 발달하고 수익성 높기로 유명한 미국의 케이블 유료 TV 시장 전체에서 쟁쟁한 CNN, ESPN, HBO, TBS, TNT 등을 물리치고 지속적인 기세로 시장 지배자 위치에 올라 서 있는 셈이다. 이러한 니클로디언의 강세는 곧 스폰지밥과 같은 수퍼 블록버스터의 캐릭터 비즈니스로 이어져 성공적인 원소스 멀티유즈(One Source Multi Use)의 전형을 보여주고 있다.

결국 미국의 경우 콘텐츠 상품 개발 과정의 시작과 끝은 케이블 방송사와 같은 매스 미디어가 도맡고 있다는 얘기다. 유료 TV시장에서 디즈니를 꺾은 니클로디언의 파워도 단일 방송사

〈미국 케이블 방송 프로그램 순위〉

BROADCAST TELEVISION

Programs at least 30 minutes long, April 25-May 1. A ratings point is 1.08 million homes.

TITLE	NETWORK	RATING
1. Desperate Housewives	ABC	15.8
2. American Idol Tuesday	FOX	15.2
3. CSI	CBS	15.1
4. American Idol Wednesday	FOX	14.8
5. Survivor: Palau	CBS	12.6
6. Grey's Anatomy	ABC	11.3
7. Everybody Loves Raymond	CBS	10.4
House	FOX	10.4
9. Cold Case	CBS	10.3
CSI: Miami	CBS	10.3

Source: Nielsen Media Research

MOVIES

Box office receipts, estimates in millions.

TITLE (WEEKS OUT)	WEEKEND GROSS	TOTAL GROSS
1. Kingdom of Heaven (1)	$20.0	$20.0
2. House of Wax (1)	12.2	12.2
3. The Hitchhiker's Guide ... (2)	9.1	35.1
Crash (1)	9.1	9.1
5. The Interpreter (3)	7.5	54.1
6. XXX: State of the Union (2)	5.4	20.8
7. The Amityville Horror (4)	3.1	60.1
Sahara (5)	3.1	61.3
9. A Lot Like Love (3)	3.0	18.8
10. Fever Pitch (5)	2.0	39.0

Source: Nielsen EDI

CABLE TELEVISION

Programs at least 30 minutes long, April 25-May 1. A ratings point is 1.08 million homes.

TITLE	NETWORK	RATING
1. WWE Raw Zone	Spike	3.3
2. WWE Raw	Spike	3.2
3. SpongeBob ... (Sat., 9:30 a.m.)	NICK	2.8
Fairly Odd ... (Sat., 10 a.m.)	NICK	2.8
5. SpongeBob ... (Sun., 9:30 a.m.)	NICK	2.7
Fairly Odd ... (Sun., 10 a.m.)	NICK	2.7
SpongeBob ... (Sat., 9 a.m.)	NICK	2.7
Fairly Odd ... (Sat., 10:30 a.m.)	NICK	2.7
9. SpongeBob ... (Sun., 9 a.m.)	NICK	2.6
10. SpongeBob ... (Mon., 5 p.m.)	NICK	2.5

Source: Nielsen Media Research

WEB SITES/STICKIEST

MOVIE RENTALS

Rental revenue, in millions. April 25-May 1.

DVD (WEEKS OUT)	WEEK	TOTAL
1. Meet the Fockers (2)	$9.39	$19.85
2. Lemony Snicket's ... (1)	7.86	7.86
3. Blade: Trinity (1)	6.96	6.96
4. Ocean's Twelve (3)	5.12	22.39
5. Darkness (1)	4.07	4.07

VHS (WEEKS OUT)	WEEK	TOTAL
1. Meet the Fockers (2)	$1.54	$3.40
2. Lemony Snicket's ... (1)	1.22	1.22
3. Blade: Trinity (1)	0.86	0.86
4. Ocean's Twelve (3)	0.62	2.76
5. Spanglish (4)	0.42	2.26

Source: Video Business

SOFTWARE/PERSONAL PRODUCTIVITY

가 아닌 미디어 복합그룹이라는 명가의 파워에서 비롯된다. 세계최고의 미디어기업으로 불리기도 하는 바이어컴 CBS 그룹이 바로 니클로디언의 명가이다. MTV, VH 1(음악 관련 종합 케이블 채널), 니켈로디언(어린이 전용 케이블 채널), 파라마운트 픽쳐스, 블록버스터(세계최고의 비디오 체인점), CBS, 쇼타임(가족 오락채널) 등 번쩍 번쩍 하는 미디어&콘텐트 브랜드들을 한 지붕 아래 갖고 있는 바이어컴 그룹은 캐릭터 시장의 최대 승부처라고 할 어린이 전용 TV 라는 세분화된 시장에서 니클로디언이 총독 노릇을 하게끔 돕고 있다. 이렇듯 미국에서 미디어가 주도하는 콘텐츠 상품개발 시장, 즉 'Media Driven Market'을 이끌고 있는 니클로디언에 대해서 상세하게 알아보도록 하겠다.

1885년부터 1912년 사이에 수천 개의 소규모 대중영화관이 생겨났는데 당시 미국에서는 이를 5센트짜리 동전(니켈)로 입장할 수 있는 장소라는 뜻에서 니클로디언(Nickelodeon)으로 불렀다. 이 영화관은 특히 노동자나 이민자들의 오락공간으로 커다란 사랑을 받았으며 지금까지도 향수와 추억이 깃든 상징적인 엔터테인먼트 지대로 기억되고 있다. 당시 언론보도를 보면 니클로디언이 너무 더럽고 환기도 안 되는데다 안전하지 못하고 외설적인 영화가 상영되기도 해 없애야 한다는 주장이 많이 나타나고 있으면서도 이곳이 가난한 이들이나 아이들에게 커다란 위안과 배움의 기회를 주는 '씨네마천국'이라는 점도 함께 묘사하고 있다. 여기서 이름을 따온 니클로디언은 버뱅크(1998년 개장, LA 인근)와 뉴욕에 애니메이션 스튜디오를 운영하고 있다. 뉴욕스튜디오는 최초의 디지털 애니메이션 전용 스튜디오이기도 하다. 니클로디언 스튜디오로 명명한 곳은 1990년 올란도에서 개장하였으며 세계 최대 규모의 어린이 프로그램 제작 스튜디오이다.

이 회사는 Kidvergence(kid+convergence)라는 용어를 사용하고 있다. 1997년 서비스를 개시한 Nick.com은 어린이 고객이 게임과 여러 색다른 사이버 활동을 할 수 있도록 고안하였다. 또한 잡지와 같은 매체를 통하여 아이들에게 엔터테인먼트 관련 정보도 제공하고 있다. 'Nickelodeon Magazine'은 매달 5백만명에게 읽히고 있으며 어린이들이 좋아하는 명사들과의 인터뷰, 게임, 퍼즐, 코믹, 콘테스트, 음식, 노래 등의 콘텐츠를 담고 있다. 2~5세 아이들을 대상으로 하는 'Nick Jr. Magazine'은 처음으로 아이들과 부모들을 함께 겨냥한 컨셉의 잡지로서 3백만명에서 정기적으로 읽히고 있다. 'Nick Jr. Magazine'의 모토는 "Where Kids Play to Learning and Parents Learn to Play"이다.

또한 Rugarts와 같은 스타콘텐츠를 원소스 멀티 유즈하기 위해 '라이브 투어 · 레크리에이션' 프로그램을 개발해놓고 있다. 1998년에 미국 50개 도시에서 'Rugarta- A Live Adventure'라는 라이브 쇼를 갖고 어린이들을 참여시켰다. 국제적으로는 멕시코 시티에서 이 행사를 개시했으며 영국과 호주에도 전파시키고 있다. 또한 니클로디언의 테마파크 8곳이 미국에 있다.

전 세계적으로는 149개국 3억명이 니클로디언을 시청하고 있으며 1990년대 이후 말타, 일본, 루마니아, 인도네시아, 스페인, 인도, 네팔, 방글라데시, 말레이지아, 폴란드, 뉴질랜드 등에 채널 서비스를 시작하였다. 또 호주, 발틱 공화국(라트비아, 리투아니아, 벨로루시, 몰도바, 러시아, 그루지아, 우즈베키스탄, 카자흐스탄), 헝가리, 브라질, 덴마크, 노르웨이, 스웨덴, 핀란드, 필리핀, 영국, 중동 지역 등에서 현지어 서비스 등을 제공하기 시작하였다.

니클로디언의 유명작품으로는 형사 가제트(1987년 가을 상영. 85개 에피소드로 구성. 가제트 형사와 조카 페니와 개, 브레인. 상대 악역은 닥터 클로우(얼굴은 안 나옴)와 그의 Mad Cat. 그 외 리틀 프린스(1983년 방영), 히스클리프(1984-1987) 등이 있다.

1) 니클로디언 역사

미국 오하이오주 Warner-Amex 채널(MTV 스타일과 비슷한 초기 실험적 미디어, 페이 퍼 뷰와 유사한 채널)에서 아이디어를 얻게 된 것이 창업 동기를 이루고 있다. 1979년 4월 'Pinwheel'이라고 부르는 프로그램으로 출발했으며 미국 전역에 케이블로 아침 3~5시간 동안 옛날 만화영화(벅스 버니, 핑크팬더 등), 단편 영화(찰스 채플린의 단편집 등), 쇼(코믹 북을 낭독하는 내용) 등으로 구성하였다. 이 당시만 해도 어린이 전용 채널은 아니었으나 실제로는 등급수준자체가 너무 낮아 'Green Vegetable Network'라는 별칭을 들을 정도였다. 그러다가 1981년에 니클로디언이라는 이름으로 방송을 시작하게 되는데 이때부터 어린이들을 위한 쇼를 캐나다로부터 공급받기도 하고 영국으로부터는 공상과학 쇼를, 만화영화는 일본으로부터 들여오기도 하였다. 때문에 하나의 용광로라는 평을 듣기도 하는데 초기 우수 작품들은 재미있고 유익한 내용성을 갖추었으며 'Mr. Wizard' World','Livewire and Standby', 'Lights! Camera! Action!' 등이 유명하였음. Variety와 Fantasy, Originality 를 모두 제공할 수 있었다. 초기에는 대부분이 캐나다와 영국에서 들여온 작품이었다.

첫번째로 방영(1980년대 중반)된 만화영화는 'Dangermouse'였고 1987년에는 '드라큐라 백작'이 Nick. Jr에서 방영되었다. 'Adventures of the Little Koala', 'Maya the Bee','David and Gnome','The Little Prince','Lil' Bits','The Noozles' 등이 연속으로 히트를 치게 되면

서 주가를 올리게 된다. 1990년대 들어 Nickelodeon 플로리다 스튜디오가 개장하고 이 때부터 게임 쇼 장르에서 'Get the Picture','Make the Grade' 등이 소개되었다. 이어 니클로디언 자체 작품인 'Ren'n Stimpy','Rugarts','Doug' 등이 선을 보였다.

〈Jimmy Neutron : Boy Genius〉는 5천만달러짜리 프로모션 서포트를 실현시킨 대작이다. 라디오샥과 Trident, 20개 라이센스- Mattel, Welch;s 등이 참여했다. 방송 후 2001년 12월 영화화(파라마운트사 제작)했다. TV 시리즈는 2000년 가을에 선보였다. CGI. 라디오샥(7천1백개 점포) 은 캐릭터 상품 판매, 경품도 함께 진행하였다. 'Jimmy Neutron Ultra Orb' 원격 조정 로켓 장난감을 39.99달러에 판매(2002.10.)하며 승승장구하였다. 이밖에 "Rugarts Movie"는 전세계적으로 1억5천만달러 수입을 거두기도 했다.

2) 니클로디언의 시장내 위상[1]

니클로디언은 토요일 아침 시간대에서는 경쟁사인 WB와 대등하고. 평일 오후시간에서는 WB를 제치고 1위를 유지하고 있다. 미국의 브로드캐스트 시즌(2001년의 경우 2001년9월4일~2002년5월20일) 평균으로는 4.8/21 점유율(2~11세 아이 190만명 시청)을 기록한 바 있다. WB는 좀 저조해 120백만명이 시청했으며 지난 시즌에 비해서는 25%가 감소하였다. 평일 오후에는 니클로디언은 평균 140만명, WB는 65만명으로 파악되었다. 토요일 아침시간대에서는 이들 뒤를 이어 FOX, ABC, CBS, Cartoon Network, PBS, 디즈니 채널, Fox Family 채널 등의 순으로 시청자 점유율을 기록하고 있다. 평일 오후시간대에서도 Nick이 1위이며 그 다음으로 WB, FOX, Cartoon Network, 디즈니 채널, Fox Family 채널 순이다.

1. 바이어컴 CBS 홈페이지

닉 주니어(Nick. Jr. on CBS)도 미취학 아동용(2000.9.16부터 방영 : 아침 7시부터 12시까지)으로 이 프로르램 덕분에 2~5세 사이 시청자 시장에서는 CBS가 Nickelodeon에 이어 2위를 기록하고 있다. 최근 5년대 연속으로 1위를 고수하고 있다.

3) 니클로디언 상품개발 및 마케팅 전략

특이한 행사중 하나로 니클로디언은 1987년부터 매년 Kid's Choice Awards'를 매년 갖고 있는데, 2002년에는 어린이들이가장 좋아하는 여자 영화배우는 제니퍼 로페즈(웨딩 플래너), 가장 좋아한 영화는 '러시아워2'였으며 가장 좋아하는 남자배우는 크리스 터커(러시아워2), 가장 좋아하는 애니메이션 목소리는 에디머피(슈렉)이 각각 뽑혔다. 가장 좋아하는 만화 캐릭터는 'The Simpsons Nick Cannon', 가장 좋아하는 비디오 게임은 'Mario Kart: Super Circuit', 가장 좋아하는 책은 해리포터 시리즈, 가장 닮고 싶어하는 연예인은 자넷 잭슨이었다. 2002년 행사는 전세계 1억2천만명에게 중계되었으며 미국 어린이들이 열렬히 좋아하는 로지 오도넬과 아담 샌들러의 진행으로 꾸며졌다.

또한 음악부문에서 니클로디언은 Jive Records(Zomba Label Group소속: 브리트니 스피어스, 백스트릿 보이즈, NSYNC 등 전속사)와 제휴하여 사운드 트랙 발매와 음악 쇼 프로그램 제작사업을 벌이고 있다. 한국과 유사하게 틴 에이저 음악 그룹을 기획하여 'Nick Cannon Show'라고 하는 시리즈물을 2002년 2월부터 성공적으로 방영하고 있기도 하다.

영화부문에서는 니클로디언의 원작을 관계사인 파라마운트사가 영화화하는 공조체제를 유지하고 있다. 1998년에 방영되었던 'The Wild Thornberrys', Jimmy Neutron : Boy Genius'

(2001년 12월에 개봉) 등이 좋은 예이다.

니클로디언 레크리에이션 프로그램 또한 콘텐츠 상품 개발과 관련한 좋은 사례이다. 호주에서는 'Moby Nick'이라는 프로그램으로 멀티미디어 랩과 영화를 통해 아이들에게 맞춤형으로 제작한 2층짜리 고래를 주제로 한 버스에 태워 전국을 돌며 뛰어 놀면서 공부할 수 있는 기회를 제공. 1996년 여름에 시작. 이밖에도 자원봉사 프로그램, 'Big Help'를 1994년부터 운용하여 연인원 3천3백만명의 아이들이 동물보호, 공원청소, 노인복지시설 방문 등을 하도록 한다.

이와 같이 니클로디언은 20여 년의 길지 않은 역사 동안 과학적인 시장 조사, 분석과 공격적인 마케팅 전략 등에 힘입어 어린이 엔터테인먼트의 탑 브랜드로서 자리매김한 것으로 자평하고 있다. 이제는 미국을 벗어나서 전 세계적으로 어린이를 대상으로 한 방송, 소매유통, 온라인, 레크리에이션, 책, 잡지, 영화 등의 다양한 영역을 망라하여 사업을 영위하고 있다.

다. 바이어컴 등 미디어 복합 그룹

1) 규모와 자본의 경쟁력

니클로디언이 속한 미디어 그룹인 바이어컴이 실로 다양하게 영위하고 있는 사업 포트폴리오를 보면 이 회사가 얼마나 풍부한 문화자원을 갖고서 창의적인 콘텐츠 비즈니스를 기획할 수 있는지에 관한 메카니즘을 대략적으로나마 파악할 수 있다. 먼저 규모면에서 보면 바이어컴 CBS(2001년 232억달러, 약 28조원)는 국내 최대 방송사인 KBS의 매출액(2001년 기준 1조936억원)의 26배에 해당하는 매출액 규모를 보이고 있다. 이밖에도 방송산업에서는 ABC는 월트 디즈니 그룹의 계열이며 NBC는 GE의 계열사이며 마이크로소프트와 합작한 MSNBC, 다우존스(월 스트리트저널 발행사)와 업무 제휴한 CNBC를 함께 운용하고 있어 막강한 경쟁력을 점하고 있다.

이와 같이 바이어컴의 웅장한 규모를 통해 알 수 있듯이 오늘날 세계 콘텐츠 시장에서 대형

〈바이어컴의 사업 포트폴리오〉

영 역	계열사 및 사업 부문 명칭
지상파방송	CBS 텔레비젼 네트워크, 바이어컴 텔레비젼 스테이션 그룹(CBS의 20개 방송국, UPN의 18개와 1개의 독립 TV방송국
	인터넷서비스 : CBS.com, CBS HealthWatch.com, CBS MarketWatch.com, CBS News,com, CBS SportsLine.com
케이블방송	〈BET:Black Entertainment Television, BET Gospel, BET International(해외시청자용), BET Movies/Stars!(앙코르 미디어사와 합작사), BET On Jazz, Comedy Central, 〈MTV 네트웍스 : Country Music Television), MTV2, Nickelodeom(애니메이션), Nick at Nite, TV Land, TNN(The National Network), VH1 (중장년층 중심 음악콘텐츠 방영), 〈쇼타임 네트웍스 : FLIX, The Movis Channel, Showtime, Sundance Channel(로버트 레드포드, 유니버셜 스튜디오 합작)
방송물 유통사업	CBS Enterprises(TV 신디케이션 및 배급), CBS Broadcast International, King World Productions, 〈파라마운트 텔레비젼(신디켕션):Big Ticket Television, Spelling Television〉
영화, 음악, 극장	〈바이어컴 엔터테인먼트 그룹:파라마운트 영화사(영화 제작 및 배급), MTV필름, Nickelodeon Movies, 파라마운트 클래식〉, Famous Music Publishing, Famous Players(캐나다내 100여 개 영화관 보유), 파라마운트 홈 엔터테인먼트(DVD와 비디오 배급)
테마파크	〈파라마운트 파크 : 미국내 5개 테마파크〉

출판 등	⟨Simon & Schuster: The Free Press, Pocket Book, Scribner, Simon & Schuster 오디오 (오디오 북), Simon & Schuster 인터랙티브(CD-ROM), Simon & Schuster 온라인 (SimonSay.com), United Cinemas International (UCI: 유니버설과 합작사, 아시아 유럽 남미 등지에 113개의 영화관 소유), United International Pictures(UIP:33% 지분소유)
인터넷	The Excite Network, Hollywood Media, ⟨Nickelodeon Online : gas, nick, com, Nick.com, Nickjr.com, Noggin.com, teachers.nick.com, TVLand.com⟩
라디오 & Outdoor	⟨ Infinity Broadcasting : The Viacome Outdoor Group(야외광고)⟩
비디오	블록버스터(비디오샵 체인 : 전세계 7천 900개 점포운영)

자료 : 후버스 온라인 www.hoovers.com에서 재구성미국은 극장용 영화의 경우 "디지털네트워크를 통한 영화의 상영관 전송"을 포함시켰으며 유망한 신생시장인 브로드밴드(초고속망) 기반의 콘텐츠 시장을 홈 엔터테인먼트로 넣어 분류하고 있음.

자본 없이는 '대박'을 기대하기가 어렵다는게 통설이다. 게임, 애니메이션 등 신흥 유망 산업에서도 초기 개발비와 마케팅비 등에 거액의 자본이 요구되고 있어 자금동원력이 없는 업체로서는 국제 무대에서 지속적인 활동을 할 수 없다. 게임의 경우 세계적인 성공작이 되기 위해서는 기본적으로 초기 개발 비용에만 최대 5백만달러(60억원)가 확보되어야 할 정도다.

이같이 규모와 범위, 연결의 경제를 갖추기 위해서는 미디어(신문＋방송＋인터

게임 장르별 추정 개발비용

- 액션 : 5십만~3백만 달러 이상
- 비행 시뮬레이션 : 1~2백만 달러 이상
- 인터액티브 스토리텔링 : 2~5백만 달러 이상
- 스포츠 : 5십만~2백만 달러 이상
- 전략 : 5십만~1백만 달러 이상

⟨출처 : DFC Intelligence, The US Market for Video Games and Interactive Electronic Entertainment, 2000⟩

뷰+통신+출판……)간 합병이나 외자유치를 통해 규모를 키워야 한다. 이미 선진국의 메이저 미디어들은 신문, 방송, 잡지, 라디오 등 4대 매체는 물론 뉴미디어 부문까지 복합화하고 있는 추세를 우리는 뒤늦게나마 동북아 허브 전략 차원에서 서둘러 수용할 필요가 있다. 다음 그림은 신문과 TV, 출판, 음악, 위성, 스포츠 등을 망라하고 있는 일본 요미우리 그룹의 기업 구조이다.

〈일본 요미우리 그룹의 기업구조〉

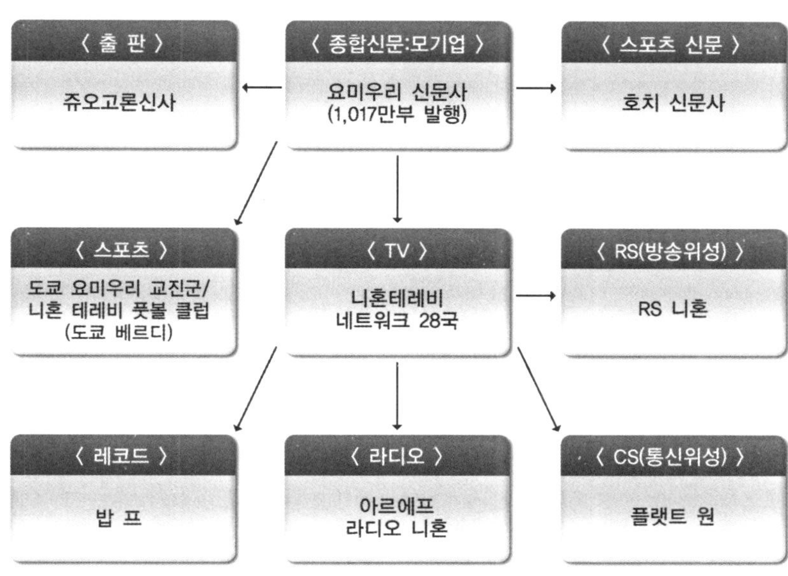

협상의 섬너 레드스톤과 자금의 루퍼트 머독

둘 다 70대 현역 CEO이자 사주이면서 오늘날 지구미디어(Earth Media)를 건설해낸 황제다. 머독에 비해 레드스톤은 지극히 미국적인 기업가다. 보스톤에서 태어나 하버드 로스쿨을 거쳐 법원 시보로 사회생활을 시작한 그는 그야말로 '지독한 협상력' 하나로 세계 미디어 대륙을 평정했다. 레드스톤이 법무장관 특별보좌관직을 벗어버리고 "내 회사를 갖고 싶어요" 라며 아버지 회사에 들어간 것부터가 잘 한 협상이었다. 이후 줄곧 소송, 담판, 인수/합병의 코스를 되풀이하며 협상의 극적 묘미를 고조시켜갔다.

극장이 영화사와 대등한 지위에 오르게 된 1960년대의 반전도 섬너 레드스턴 협상의 연출이었다. 우선 그는 사상 처음으로 멀티플렉스(복합상영관)라는 사업모델을 고안해낸다. 극장의 혁신으로 영화관객이 급증하는 데야 늘 우월적 지위에 있던 영화사들도 호의를 베풀지 않을 수 없었다. 블라인드 비딩(Blind Bidding: 영화사들이 개봉영화에 관한 정보를 공개하지 않고 극장에 계약을 종용하던 관행)과 같은 악습이 철폐되어갔다.

30대 나이에 미국극장주협회장에 오른 섬너 레드스턴는 더욱 힘을 얻어 줄기차게 협상의 승부수를 날렸다. 이후부터는 미디어의 미래를 삼키는 대공사가 벌어졌다. 극장을 사양산업으로 만든 케이블TV가 첫 상대였다. 1987년 바이어컴 인수는 젊은이의 벗 MTV와 전문음악채널 VH1, 어린이 전용채널 니컬로디언, 가족오락물 채널 쇼타임 등 찬란한 전리품들을 레드스톤에게 안겨주었다. 자신의 표현대로 미디어 & 엔터테인먼트 산업의 소프트웨어(콘텐트)를 쟁취하는 것이 "내가 갈 길"이었기에 그는 협상에서 밀리거나 패퇴할 수 없었다. 바이어컴 왕국에게도 대운이 찾아왔다. MTV는 1992년 반바지 차림의 빌 클린턴 후보를 '돌아온 존 F 케네디'로 만들면서 문화권력자의 기반을 확고히 다지게 된다. "Choose or Lose!"라는 MTV의 구호와 선거방송 자체가 엄청난 화제였다. 니켈로디언도 디즈니를 제외하고 유일하게 브랜드를 가진 TV 방송이라는 찬사를 얻으며 어린이, 가족 시청자를 사로잡아버렸다. 레드스톤의 바이어컴은 이후 파라마운트, 블록버스터(세계최대의 비디오 샵 체인), CBS와 합병을 연달아 성사시킨다. 돈으로도 얻기 어려운 미국의 금맥을 오직 협상력과 승리에 대한 집념으로 거머쥔 레드스톤은 경영에도 뒷짐 지는 법이 없었다. 1923년 생인 그는 밥 도울 상원의원, 앨런 그린스펀 FRB의장을 곧잘 얘기하며 현역 CEO를 고집한다. 타이타닉(파라마운트), 서바이버(CBS)와 같은 그의 '대박' 들이 즐비하다. 그의 바이어컴 CBS는 출판이 원작을 내놓으면 영화를 만들고 방송은 홍보하는 식으로 시너지 효과를 과시하며 연 매출 232억달러(약 28조원, 2001년 기준)를 기록하고 있다. 섬너 레드스톤이 아니었다면 미디어 복합그룹 모델의 성공은 검증되기 어려웠다고 봐야 한다.

나폴레옹의 "군대는 식욕으로 움직인다"는 말처럼 그와 미국의 엔터테인먼트 산업도 "팽창의 욕구"로 커왔는지 모른다. 물론 하버드대학마저 시시하다고 여겼던 레드스톤의 질긴 승부욕이 없었다면 아예 불가능했을 테다.

라. 베네통 파브리카(Fabrica)

이탈리아의 세계적 패션 의류 업체인 베네통의 사내 커뮤니케이션 R&D센터이자 사내 학교인 파브리카 사례는 창의적인 기획력을 의미하는 컨셉 디자인과 관련한 체계적인 교육 및 훈련의 대명사로 통한다.

베테통은 현재 세계 120개국에서 직영 매장을 차려놓고 고유의 브랜드 이미지인 '컬러'의 혁신과 경영의 혁신을 끊임없이 추구하고 있다. 컬러의 혁신은 그 자체가 창업주 루치아노 베네통의 모멘텀이었으며 1965년 창업 이후 지금까지 줄곧 베네통의 '셀링 포인트'(Selling Point)로써 기능을 톡톡히 해왔다. 컬러의 혁신과 관련하여 핵심 경쟁 요소는 염료, 염색가공기술, 디자인을 들 수 있는데, 특히 베네통이 주력하는 분야가 바로 염색가공기술과 디자인이다. 이 가운데서도 염색가공기술은 베네통이 사실상 원천 기술을 보유하고 있어 처음부터 경쟁력 우위를 갖는 것으로 평가된다.[2] 따라서 베네통이 가장 강조하며 신경을 쏟고 있는 경쟁력 요소는 실제로 디자인 파워라고 볼 수 있다.

디자인 부문에서 베네통의 강점은 베네통의 각종 제품과 이에 연관한 브랜드, 마케팅, PR 등을 꿰뚫는 '이미지'를 효과적으로 설정하는 점에서 찾을 수 있다. 바로 이러한 이미지의 설정을 담당하는 기관이 바로 베네통의 커뮤니케이션 R&D센터인 '파브리카(Fabrica)'이다. 공방이자 작업실이라는 뜻으로 명명한 이 R&D센터는 베네통이 전세계 젊은이들의 취향과 기호를 신속하게 읽어내거나 예측하고 그 흐름을 선도하는 글로벌 문화 센터의 기능도 겸하고 있다.

'파브리카'는 베네통 패션 디자인의 기본 개념 설정, 즉 'Image Setting'을 해내기 위해 뉴미디어, 그래픽, 음악, 사진, 영화 등의 분야에서 세계 최고 수준의 젊은 전문가(25세 이하)들을 모아 놓고 있다. 이들은 '반전'을 주제로 한 영화를 만들어 깐느영화제에 출품한다든지

---

2. 이는 원래 북동부 이탈리아 베네토 지방의 발달한 전통 염색 기술의 적자로서 베네통이 출발했던 점을 고려할 때 그러하다.

‘Colors’라는 잡지를 만들어 새로운 트렌드나 유행을 소개하고 이끄는 방식으로 끊임없이 사회와 상호 작용을 한다. 결국 이 ‘파브리카’가 화두로 던지는 ‘이미지’가 올 가을, 내년 봄 베네통 코트나 셔츠, 화장품의 기본 ‘개념’으로 표현되고 이를 바탕으로 통합된 마케팅이 실시된다. 베네통의 마케팅은 이미 그 자극적이고 충격적인 이미지로 널리 알려져 있는데 이 또한 그 이면의 작업이라고 할 수 있는 ‘파브리카’의 ‘Image Setting’ 단계에서부터 시작된 기획의 소산물이다.

〈파브리카의 8개 분과와 활동 내용, 방식〉

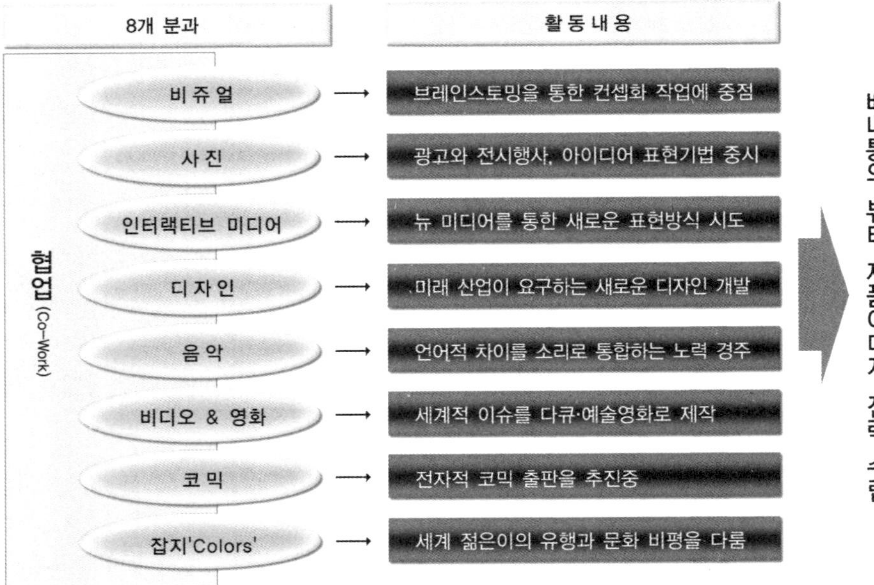

디자인 회춘, 루치아노 베네통

Make or Buy.

스스로 힘으로 알아서 하거나(Make) 아니면 남의 힘을 빌어(Buy) 해결하라는 명쾌한 이분법이다. CEO는 늘 이와같은 '직접 하거나 데려 오거나'를 고민해야 한다. 물론 기본적으로 'Make'를 잘해야한다. 뭔가 보여줄 게 있어야 될 테니까. 그러다 회사가 크지면 어느 순간 'Make'만으로는 안 되는 때가 온다. 용한 무당이 신들린 처음 3년을 쪽집게 하다가 어느 날 신기가 빠져버려 낭패를 보는 케이스다. 이 때 특출한 점술가는 솟아날 구멍을 찾아 낸다. 몸에 배인 관록으로 살아갈 방도를 연다.

'United Colors of Benetton'의 수석연출가 루치아노 베네통이 그런 관록의 덩어리다. 고갈된 창의성, 식어버린 열정을 스스로 인정하고 과감하게 남으로부터, 그것도 피라미나 마찬가지인 디자이너 지망생들로부터 생기를 얻어낸다. 이 '디자인 회춘'을 위해 베네통은 기업내부 혁신에 의존하는 'Make' 전략 대신 'Buy'의 길을 선택해 회사 밖, 나라 밖에서 인재를 구했다. 'Buy Creativity'. - 이 전략의 결실이 KBS에서도 소개된 적이 있는 베네통 파브리카(공방)다. 커뮤니케이션 R&D센터로 부르는 이 조직은 베네통의 'Work Tank' 다. 파브리카는 전 세계 25세 이하의 젊은 예술가들을 1년 반마다 뽑는다. 그래픽, 영화, 웹, 사진, 잡지, 만화 등 다양한 영역에서 십 수명씩 구성되는 파브리카의 매 기수는 베네통의 '디자인 회춘' 특공대다. 영화 분과에는 매년 외부 감독과 협업하여 깐느영화제에 출품하는 과업이 주어져 있다. 그래픽에서는 인체 등을 형상화한 다양한 이미지 컷을 유럽의 각종 전시회에 출품하도록 한다. 후원인 격인 베네통은 어미새와 같다. 늘 먹이(실제 프로젝트)를 물어다 준다. 멤버들은 실제 작업을 맡아 계약을 이행하면서 돈 버는 고충도 느끼고 의뢰자 눈치보는 스킬도 터득한다. 아울러 뭔가 막히면 전문가를 불러 강연도 들어가며 부산스러운 1년 여를 보낸다. 베네통의 유행발신 창구로 이름난 잡지 'Colors'도 이들 25세 이하 정예 멤버들이 직접 제작하는 미디어다. 베네통은 베네치아 옛 귀족들의 휴양지에 세운 아름다운 캠퍼스를 학교이자 연구소, 벤처, 실험실, 장기 유스호스텔이기도 한 파브리카에 선사했다. 그러면서 베네통은 챙겨 받는다. 가령 2000년에 깐느에서 입상한 파브리카팀 영화의 테마가 전쟁과 젊은이의 소외였다면 이는 기필코 베네통의 제품에 육화되고 응용된다. 평화를 갈구하는 톤의 색상과 심플한 디자인을 개발해 다음 시즌 셔츠와 코트가 나오는 식이다. 파브리카가 맨 먼저 컨셉을 잡고(Image Setting이라고 베네통은 부른다) 그 다음 베네통의 기성 디자인팀이 이를 받아와(Buy) 의류, 향수, 화장품, 스포츠 용품, 악세서리 그리고 항상 눈길을 끌어왔던 독특한 광고에까지 두루 두루 적용한다. 이런 특별활동의 총 지휘자가 루치아노 베네통이다. 그는 진부해지고 꺼져가는 디자인 창조력을 혁신적인 'Buy'를 통해서 회춘시킨 멋진 수석연출가다.

5. 여행 다음 나날들

✳ 나레이션
창의성 여행과 사례로 본 간접 체험까지 마친 상태에서 우리는 그야말로 창의적으로 고유하게 만드는 고유한 모델을 얻고 싶었다. 일단락 짓기 위해서. 그리고 콘텐츠와 창의성에 관해 쌓아올린 다른 탑이 없었기 때문에. 이제부터는 우리가 직접 그려보는 콘텐츠와 창의성 체계 모델을 향해 더욱 새롭고 기쁜 마음으로 대항해를 떠날 수 있게 되었다.

(1) 우리모델 : 콘텐츠와 창의성 체계 모델

이상과 같이 살펴본 선도적인 사례 등에서 추출해볼 수 있는 전략적 시사점 가운데 콘텐츠 상품개발과 관련하여 가장 중요한 발견점은 〈미디어가 주도하는 콘텐츠 상품 개발〉이라는 특성이다. 일본의 반다이와 미야자키 하야오의 성공 사례도 일본 콘텐츠 시장의 토양을 이루고 있는 만화잡지와 같은 미디어와 사회 기저에서 미디어가 중개자 역할을 하고 있는 오타쿠 문화가 없이는 생각할 수 없다. 일본에서는 이를 두고 '통달의 시각'이라는 표현을 쓰고 있다. 소식통의 '통'자를 사용해서 일본이 오타쿠와 크리에이터들이 오랫동안 일상생활에서 동인지와 만화잡지 같은 미디어를 통해서 자신들만의 독특한 커뮤니티를 형성하고 크게는 산업을 생성, 활성화시키고 있다. 일본의 만화잡지라면 '라면집의 MAGAZINE, 만화연구회의 SUNDAY, 선반의 JUMP'이 말해주듯이 실로 다양한 개성을 가진 각 분야의 대표 브랜드들이 역사를 일구어 왔다. 당연히 이들 만화 잡지에는 각각 편집부의 색깔과 편집 성향이 들어가게 되며 보통의 만화를 프로의 세계에 맞춰 주간만화로 만들어내는 것은 편집자의 주 임무가 된다. 편집자의 암묵지식이 전통이 되고 전설이 되어서 역량 있는 콘텐츠가 발굴, 등단하고 영화, 캐릭터 등으로 파생 상품을 낳게 되는 셈이다. 그래서 "상업만화는 편집자가 만든다"는 말이 나올 정도다. 만화 잡지는 언급한대로 일본 콘텐츠 산업의 기폭제 역할을 하기도 했다. 만화 미디어가 맨 처음 월간으로 시작했다가 치열한 경쟁 끝에 주간만화연재 시대를 개막하게 되자 주간만화시대에 살아남기 위해 영화와 같은 제작 체계, 집단 작업 시스템을 갖추게 되면서 이른바 규모를 갖춘 제작 시스템, 경영 시스템이 출현할 수 있었다.

각기 개성을 갖춘 만화 잡지의 면면을 살펴보면 우선 MAGAZINE은 일본 관서지방 대본 만화가를 기용, 만화계 게릴라들이 시나리오 작가가 창작하는 극화 형식으로 새로운 만화 콘텐츠의 지평을 열게 했다. 이는 일본의 사회 문화적 현상으로도 발전하여 1960년대말 세상을 떠들썩하게 만든 요도호 납치 사건의 범인들에 의해 "우리는 내일의 죠다"라고 말이 나오게 되었을 정도였다. 또한 만화 잡지는 이 시기에 대본 만화가에게 주간 연재만화 자리를 주고 신인 만화가와 원작자간에 다리를 놓는 역할도 자임했다. 이런 흐름 속에서 당시에는 잡지는 만화가 한 사람만의 능력으로 되는 것이 아니라고 주장한 프로듀서들의 편집 방침이 황금기를 맞게 되었다. 소년 JUMP가 1968년도에 부상한 것도 이러한 맥락이다. 이 잡지는 창간호 때부터 만화가 대모집이라는 새로운 시도를 하였다. 이후 1970년대 말 호경기를 반영하고 낙천적이며 스케일이 큰 기상천외한 이야기를 즐기는 시대가 찾아오자 이 잡지의 진가는 빛나게 되었다. 이 잡지의 성공에는 또한 탁월한 재미를 추구하는 JUMP의 편집 방침이 크게 작용하였다. 좋은 성과를 목표로 삼아 잡지 안에서 치열한 경쟁을 벌인 결과, 회사 전체가 100미터 경주 장과 같다는 악명까지 낳으면서 소년 JUMP는 명문 거대 출판사인 코우단샤나 쇼가쿠간에는 없는 무시무시한 힘을 보유하게 되었다. 이는 신인 밖에 없던 잡지여서 가능했다는 분석이다.

이에 반해 쇼가쿠간의 SUNDAY는 작가 중심제를 고집해 결국 작가가 무엇을 그려야 좋을지 알지 못하면 끝이라는 비판을 받기도 했으나 1970년대말 러브 코미디라는 장르를 개척해 명성을 이어갈 수 있었다. 대작 지향이었던 프로듀서 시스템에서는 아무래도 미묘한 연애를 그리는 러브 코미디 불가능했기 때문에 작가주의 문화의 SUNDAY가 유리했다. 한편 코우단샤 MAGAZINE은 프로듀서제로 되어 있어 편집자가 무엇을 그려야 좋을지 모르면 이 또한 끝이라는 얘기를 듣곤 했다. 슈에이샤의 JUMP는 경쟁제로 모두가 활기차지 않으면 안 되었고 아키다 쇼텐의 CHAMPION은 자기 길을 가는 잡지라는 이미지로 통했다.

일본이 동인지와 만화, 애니메이션, 게임 잡지를 통해서 콘텐츠의 본원적 상품인 원작 개발을 시스템화했고 이를 통해 반다이와 같은 전문 캐릭터 상품회사가 성공작의 파생 상품화를 주도해온 것은 하나의 전형적인 모형을 보여주고 있다. 바로 창조과정이라는 모형이다. 이 창조 과정은 니클로디언과 같은 전문 방송 미디어를 중심으로 주력 콘텐츠 상품 시장이 열리는 구조를 가진 미국도 크게 다르지 않다.

일본의 만화 동인지

아래 그림에서 나타낸 것처럼 창의

적인 콘텐츠 기획, 개발 과정은 기본적으로 창의성을 구성하는 3가지 요소[3]간 상호 작용 관계로 형상화된다. 구성 요소는 다음과 같다.

① 일련의 상징적 규칙과 절차로 이루어진 영역
   영역이란 우리가 보통 문명이라고 부르는 특별한 공동체나 인류 전체가 공유하는 상징적 지식

② 영역으로 가는 길목에서 문지기 역할을 하는 사람들로 구성된 활동 현장
   현장에서 하는 일은 새로운 아이디어나 창작물을 그 영역속에 포함시킬 것인지 아닌지를 결정

③ 개인
   어떤 사람이 음악, 공학, 수학과 같은 주어진 영역을 상징을 사용해서 새로운 사고나 새로운 양식을 발전시키면 적절한 현장이 그러한 새로움을 선택해서 관련 영역에 포함시킬 때 가능해짐

❶ 콘텐츠와 창의성 체계 모델 기반

앞에서 살펴 본 창의성에 관한한 높은 수준을 보이고 있는 선도적인 콘텐츠 관련 사례들과 칙센트미하이 등 관련 이론 등을 살펴봄으로서 〈콘텐츠와 창의성〉에 관한 고유의 체계 모델을 도출할 수 있는 근거를 마련하였다. 특히 일반적인 창의성 체계 모델을 정립한 칙센트 미하이는 근본적으로 '창의성은 어디에 존재하는가? '라는 의문을 갖고 새로운 연구 관점을 제시하였기 때문에 콘텐츠 관련 창의성 연구에도 커다란 시사점을 주고 있다. 이를테면 개인과 사회, 문화의 창의성 관련 요소들이 활발한 상호작용에 의해서 구체적으로 인정받을 수 있는 창의성 성과가 나올 수 있다는 명쾌한 해석은 그대로 콘텐츠와 창의성에도 적용할 수 있는 보편 타당성을 지니게 된다. 다만 일반적인 창의성 체계 모델을 좀 더 구체적으로 변형하여 〈콘텐츠 비

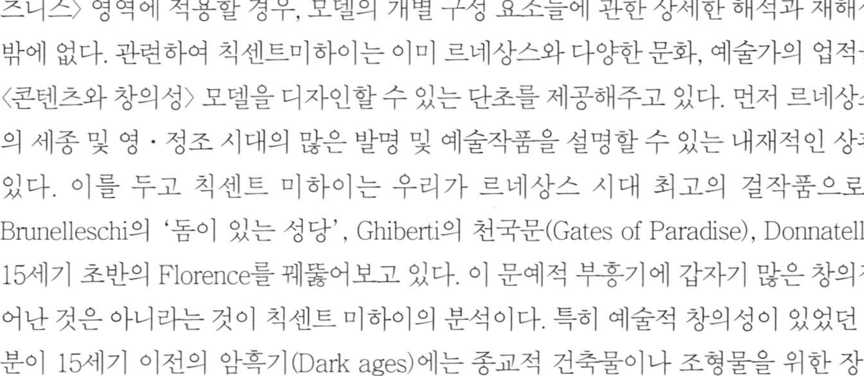

즈니스〉영역에 적용할 경우, 모델의 개별 구성 요소들에 관한 상세한 해석과 재해석이 필요할 수밖에 없다. 관련하여 칙센트미하이는 이미 르네상스와 다양한 문화, 예술가의 업적을 사례로 들며 〈콘텐츠와 창의성〉모델을 디자인할 수 있는 단초를 제공해주고 있다. 먼저 르네상스 시대나 조선의 세종 및 영·정조 시대의 많은 발명 및 예술작품을 설명할 수 있는 내재적인 상관관계를 들 수 있다. 이를 두고 칙센트 미하이는 우리가 르네상스 시대 최고의 걸작품으로 손꼽고 있는 Brunelleschi의 '돔이 있는 성당', Ghiberti의 천국문(Gates of Paradise), Donnatello의 조각물 등 15세기 초반의 Florence를 꿰뚫어보고 있다. 이 문예적 부흥기에 갑자기 많은 창의적 예술가가 태어난 것은 아니라는 것이 칙센트 미하이의 분석이다. 특히 예술적 창의성이 있었던 개인들의 대부분이 15세기 이전의 암흑기(Dark ages)에는 종교적 건축물이나 조형물을 위한 장인들로 종사했었고, 생업으로 예술 활동을 할 여건이 마련되지 않았다는 얘기다.

그러나, 해양 교역으로 자본을 축적한 15세기 말 Florence의 메디치(Medici)家 등이 정치·경제적 이유에서 새로운 아테네를 만들어 보자는 기치 하에 예술에 대한 투자를 아끼지 않고 예술적 장인들의 후견인이 되어 그들이 예술적 작품에만 전념할 수 있는 여건을 마련하게 되면서부터 르네상스 시대 예술이 급속도로 발전할 수 있었던 것이다. 또한, 물질적 부의 축적과 아울러 14세기말부터 학자들을 통해서 암흑 시대 동안 사장되어 있던 고대 로마의 조각과 건축 양식이 재발견된 것도 이 Florence 예술의 발현에 기여한 바가 크다고 할 수 있다. 이와 관련하여 메디치가가 당시 사회적 갈등과 양극화(빈곤 문제), 정치적 대립 상태 등을 해소하기 위해 예술 부문에 대한 투자를 집행했다고 하는 견해도 나와 있다. 당시 사회를 리드하던 대표적인 지배 집단이 문화, 예술 창조를 장려하는 사회 분위기와 실질적인 인프라, 프로젝트 투자를 집행할 수밖에 없을 정도로 사회 전체의 발달과정이 긴박하고 역동적이었다는 진단은 21세기 초 한국 사회에도 많은 시사점을 안겨주고 있다.

아울러 Botticelli의 비너스의 탄생이라는 그림을 통해서 창의성 높은 예술 작품에 대한 사회적 인정 과정도 창의성에 대한 시대의 수용 이슈를 다루고 있다. Botticelli 작품의 독특성과 가치는 19c 중반 Ruskin 등의 재평가 과정이 있을 때까지 라파엘 양식을 위반한 작품이라는 평가로 인하여 작품성을 인정받지 못했다 (Kermode, 1985)

Botticelli, Sandro(1445~1510, 이태리 플로렌스)의 비너스의 탄생

가. 칙센트미하이의 창의성 체계 모델

이와 같이 칙센트미하이 등이 규명하고자 했던 창의성 자체에 대한 일반적인 생성, 유지, 발전의 역학 관계, 즉 체계 모델에서 구체적이고 특수한 〈콘텐츠와 창의성〉 체계 모델의 원형을

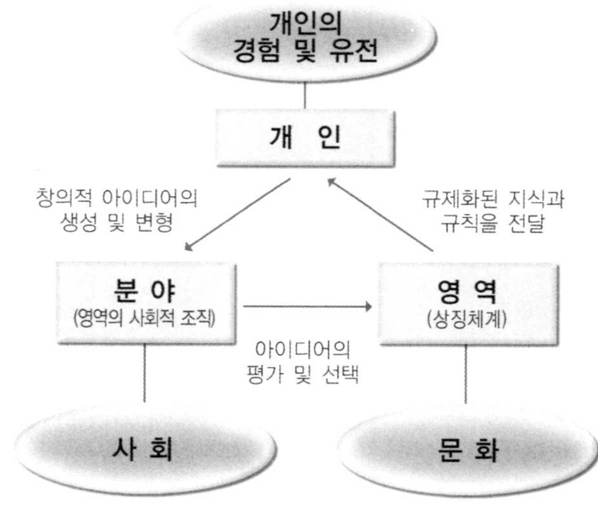

〈창의성의 체계모델 Csikszentmibalyi(1998)에서 수정〉

도출해볼 수 있겠다. 이미 본문에서 다루었듯이 칙센트미하이는 아래 도형에서 표현하는대로 개인과 분야, 영역이라는 구성 요소의 상호작용을 중시하고 있다.

이 모델 각 체계들의 기능을 설명해 다시 정리해보면 다음과 같다.

1) 개인(Individual)

영역에서 사용되는 지식과 규칙을 가지고 새로운 규칙, 더 나아가서는 새로운 영역까지도 창조해내는 역할을 한다(위의 예에서는 각각 르네상스 시대의 창의적인 예술인들, 노벨 물리학상 수상자, Botticelli, Xerox 연구원).

2) 분야(Field)

영역의 유지·발전을 위해서 새로운 아이디어나 산출물을 심사하는 수문장과 같은 역할을 하는 모든 사람을 일컫는다. 이 분야의 기능은 '개인'에 의해 창출된 변화를 취사선택해서 '영역'으로 전달하는 역할을 한다 (Medici가(家) 물리학계, Ruskin, Steve Jobs).

3) 영역(Domain)

'상징적 규칙이나 절차, 지식의 집합체'인 영역은 거시적으로는 예술·과학 등과 같은 문화영역으로부터, 그 아래에 미술·음악·수학·경영학 같은 중간 수준의 영역들로 구성이 되고, 미시적으로는 대수학·집합론·일반회계원리·마케팅과 같은 소 영역으로 나뉘어질 수 있다. 선발 축적된 상징 및 지식의 결과물인 영역을 통해서 새로운 학습자가 지식을 습득하며, 이들 중 창의적인 지도자가 출현하면, 영역이 더욱 확대·심화될 수 있다

(각각 르네상스 예술, 열역학, 프리라파엘 학풍, Window시스템).

4) 상호작용

각 체계는 서로 상호작용을 할 수가 있으며, 일 방향뿐만 아니라 서로 양방향의 영향을 줄 수 있다. 창의적 논문을 작성하는 학자는 '개인'에 속한다고 볼 수 있으나, 이 학자가 다른 논문에 대한 심사를 맡고 있다고 한다면 이 학자는 동시에 '분야'에서의 역할도 담당한다고 할 수 있기 때문이다.

5) 종합

이상에서 설명한 바와 같이 이 체계모델은 '개인', '분야', '영역' 이 세 가지 체계들의 유기적 관계가 최적화 되어질 때, 창의성의 발현은 이루어진다고 주장하는 것이다. 단순히 어떤 한 체계의 발전만으로는 '역사적' 창의성의 범주에 들어갈 수 있는 창의적 산물은 기대하기 어렵기 때문이다. 또한 개인에게 영향을 주는 좀 더 큰 범주는 개인의 유전과 경험이라고 할 수 있는데, 이를테면 음악분야에서의 뛰어난 성공을 하기 위해 필요한 음에 대한 민감성(절대음감과 같은)은 유전에 의해 영향을 받는다고 할 수 있기 때문이다. 분야의 경우는 사회조직과 구조 같은 거시적 요소에 영향을 받는다고 할 수 있고, 마지막으로 영역의 경우는 그 사회의 개방성, 융통성 등과 같은 문화적 요소의 지대한 영향을 받는다고 할 수 있다.

나. 콘텐츠와 창의성 체계 모델 도출

이와 같이 칙센트미하이 등 기존 창의력 관련 이론 연구, 현장 학습(일본 창의력 여행), 주요 콘텐츠 비즈니스 사례 탐구(일본 애니메이션, 디즈니 등) 시사점, 보고서 자료(BBC 등), 연구진 회의, 외부 자문/인터뷰 등 에서 핵심성공요인을 도출 등의 종합적인 과정을 통해서 〈콘텐츠와 창의성〉에 관한 모델을 그려보면 다음 그림과 같다.

이 그림에서 표현하고 있는 대로 콘텐츠와 창의성은 일반적이고 보편적인 바탕인 개인과 현장, 영역이라는 구성 요소간 관계로 이루어져 있으며 이들 구성 요소간 상호 작용을 매개하고 촉진시키는 구체적인 표현 수단이자 경로인 〈미디어〉를 중핵적인 실체로 내포하고 있다는 특징을 보이고 있다. 여기서 칙센트미하이가 제시한 사회의 권역인 '분야(Field)'를 '현장'이라는 말로 약간 바꾸어 본 것이 역시 새로운 시도이다. 이는 생생한 콘텐츠 비즈니스의 장이라는 뉘앙스를 강조하기 위함이다. 따라서 이러한

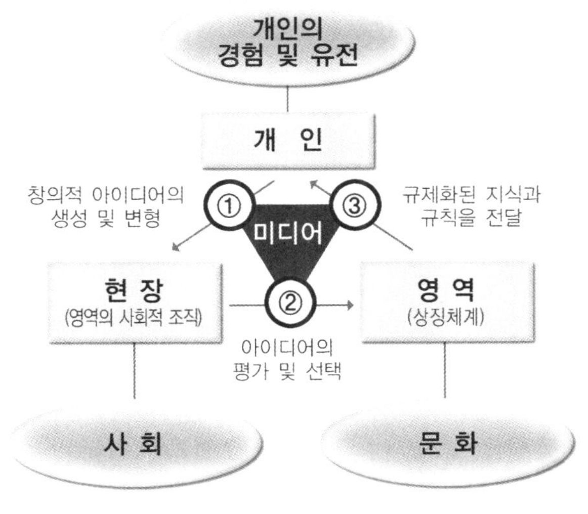

〈창의력 생성 지점과 미디어 역할〉

틀 안에서 콘텐츠와 창의성 또한 창조과정에서 나타나는 3가지 연결 관계성의 배합의 소산물로 나타날 수밖에 없다는 시각이다. 3가지 실체를 풀어 설명해보면,

① 실제 삶에서 얻는 개인적 경험
② 현재 현장(분야))의 요구와 기존 지식의 영향
③ 사회적 환경과 영역이 주는 압력

등이 되겠다. 이들 상호작용이 일어나는 상관관계에 초점을 맞춰 좀 더 구체적으로 콘텐츠

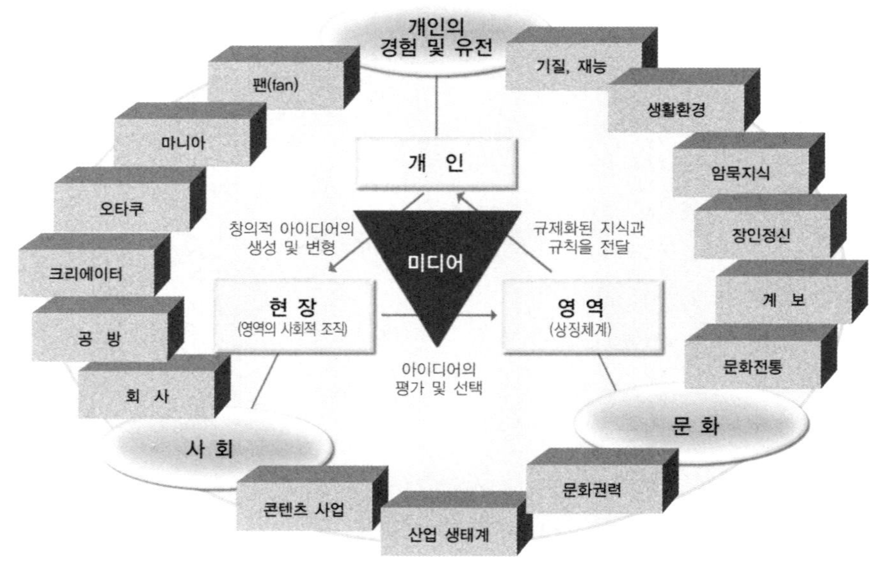

〈미디어가 중개하는 창의적인 콘텐츠 개발 과정 모형〉

와 창의성 모델을 설명해보면 그림〈미디어가 중개하는 창의적인 콘텐츠 개발 과정 모형〉과 같이 표현할 수 있다.

이들 구성 요소 간 상관 관계에서 더 나아가 콘텐츠 창조과정이 《팬 → 마니아 → 오타쿠 → 크리에이터 → 공방 (factory) → 회사》와 《 콘텐츠 사업 → 산업 생태계 → 문화권력》 , 《 문화 전통 → 계보 → 장인정신 → 암묵지식 → 생활 환경 → 기질 재능(talent, DNA)》로 구성된다. 이들 개별 요소들을 중재하는 중간자는 바로 미디어이다. 미디어는 개인이 창의적인 아이디어를 생성, 변형하고 영역의 사회적 조직인 현장과 교류, 상호 관계를 원활하게 할 수 있도록 돕는다. 이어서 현장에서 여러 전문가 등이 새로운 아이디어를 평가하고 선택하여 하나의 상징체계인 영역으로 만드는 과정에서도 미디어가 촉매로서 개입한다. 연이어 문화적 상징체계가 형성된 영역이 다시 환류 하여 지식 체계로서 성립되고 전달되도록 하는 피이드백 과정에서도 미디어가 결정적으로 작용한다. 이와 같이 일본의 동인지와 만화잡지, 미국의 케이블 방송 채널 등 미디어는 콘텐츠가 창조적으로 생성되고 평가받고 사회적으로 인정받아 하나의 산업과 문화, 권력으로 발전할 수 있게끔 매개하고 북돋워주는 포럼이자 후견인, 멘토, 가상에 가까운 네트워크 커뮤니티, 학습 수단, 마케팅 수단, 언론매체 등의 복합적 역할을 수행하게 되는 셈이다. 이러한 미디어가 발달한 사회에서 창조적인 콘텐츠 상품이 생성될 수 있음은 바로 이 창조과정 모형 자체가 설명해준다.

이러한 창조과정 또는 창의성 작동 프로세스는 콘텐츠 비즈니스라는 구체적인 부문에서 고유하고 특징적인 내용을 보이게 된다. 이 특성을 위 창의성 체계 모델의 상호 작용 기본 관계인 〈개인과 현장의 연결〉, 〈현장과 영역의 연결〉, 〈영역과 개인의 연결〉 등 3가지 차원에서 먼저 다뤄보도록 하겠다.

147

1) 개인과 현장의 연결

콘텐츠 비즈니스에서 개인의 창의성은 어떻게 발휘되는가? 일반적인 창의성 체계 모델을 만든 칙센트미하이는 창의적인 예술가와 창작자의 특성 등에 관해 연구하면서 창의적인 콘텐츠를 만들 수 있는 창의적인 사람 특징을 우선 대분류하여 설명한다.

① 어떤 영역에 대한 유전적 소질 : 타고 나게 된다. 신경계가 색과 빛에 좀 더 예민한 사람은 미술가가 되고 완벽한 음감을 타고 난 사람은 음악가가 된다.

② 물질적 환경적 혜택이 중요 : 피에르 부르디에가 말한 문화자본이 풍족한 환경, 좋은 학교와 교사가 있는 곳에 좋은 콘텐츠를 만들 수 있는 창조적 인간형이 길러진다.

③ 현장에 접근하는 일 : 미켈란젤로는 내향적이었으나 젊은 시절 메디치 궁정의 지도자들과 오랜 교분을 나누면서 기량과 헌신으로 그들을 감동시킬 수 있었다. 우연이든 필연이든 뛰어난 창작가는 당대의 핵심 현장 속으로 들어가게 되어 있다.

아울러 창의적인 인간형은 10가지 정도의 양면성과 복합적 성향을 지닌다고 칙센트미하이는 분석하였다.

〈개인과 현장의 연결 관계〉

① 대단한 활력 , 조용한 휴식 – 집중력 발휘
② 명식, 천진난만 : 정서적으로나 정신적으로 미성숙한 사람이 심오한 통찰력을 함께 가질
　수 있다
③ 장난기와 극기, 책임감과 무책임이 혼합
④ 상상과 공상 – 현실 의식을 오감
⑤ 외향성과 내향성을 함께
⑥ 매우 겸손하면서 동시에 자존심이 강함
⑦ 성의 역할에서 벗어남
⑧ 개혁적이면서 보수적임
⑨ 일에 열정적이면서도 극히 객관적이 될 수 있음
⑩ 개방적이며 감성적인 성향으로 인해 즐거움과 고통/역경 겪음

　때문에 이들 창의적 인간이 맡게 되는 창조과정은 일회적이거나 직선적이지 않고 자신의 안정적인 성향에 뿌리를 두고 지극히 순환적인 과정을 통해 창조적인 콘텐츠를 지속적으로 재생산해낼 수 있게 된다. 하지만 창조 과정은 연속적으로 막힘없이 개시되는 것은 아니어서 어떤 특별한 계기를 만나야 한다. 이는 문제의식을 일깨우는 3가지 요인으로 설명되고 있는데,

① 실제 삶에서 얻는 개인적 경험
② 현재 영역(현장)의 요구와 기존 지식의 영향
③ 사회적 환경과 현장이 주는 압력

등이 그것이다.

이처럼 창조과정에 들어서게 되면 콘텐츠 창작자나 기획자, 사업자 또한 자신이 하는 일을 사랑하게 되면서 몰입과 창조의 즐거움을 느끼고 이를 탐닉하게 된다. 칙센트미하이가 설명하는 몰입의 아홉 가지 느낌이다.

① 몰입상태에서는 무엇을 해야 하는지 분명히 알고 있다
② 자신이 얼마나 잘 하고 있는지 알고 있다
③ 자신의 능력이 주어진 일을 하기에 적절하다고 느껴진다
④ 지금 하고 있는 일에 주의력이 집중
⑤ 지금 그 자리에서 하는 일만 의식
⑥ 무언가에 전념한 나머지 실패를 걱정할 겨를이 없다
⑦ 굳이 자기 방어를 하지 않는다
⑧ 시간을 잊게 되고 몇 시간이 마치 몇 분처럼 흘러갈 수 있다
⑨ 즐기면서 한다

또한 몰입을 위한 일곱 가지 조건도 있다.

① 분명한 목표가 있어야 한다
② 어느 정도 잘 하고 있는지를 알아야 한다
③ 도전과 능력이 균형을 이루어야 한다
④ 행위와 인식이 하나가 되어야 한다
⑤ 방해받는 것을 피해야 한다
⑥ 자기 자신, 시간 그리고 주변을 잊어야 한다
⑦ 경험 자체가 목적이 되어야 한다

개인 차원의 창조 과정 몰입과 경험은 순전히 개인 단위로만 이루어지는 것일 수 없다. 특히 대부분의 콘텐츠 비즈니스가 원작 창작과 사업 기획 단계에서부터 관련 전문가, 실무자 등이 대거 참여하는 공동 창조의 'co-work'형태로 이루어지는 현실을 생각해보면 집단 단위, 팀 조직 단위에서 활동하는 개인과 개인 간 연결과 창조과정이 중시될 수밖에 없다.

2) 현장과 영역의 연결

이 부문은 주로 기획, 개발된 콘텐츠 상업화, 사회화하는 창조 과정이다. 특히 미디어를 통해 콘텐츠가 전달, 서비스되고 미디어를 통해 창의적인 콘텐츠를 발굴(sourcing), 편집, 데뷔시키는 협력 체계가 곧 성공적인 콘텐츠 비즈니스를 완성시키고 다시 이 축적된 성과물이 문화적 영역으로서 기반을 다진다는 견해이기도 하다. 관련하여 칙센트미하이는 "영역과 현장은 서로에게 영향을 주기도 한다… 과학에서는 이론

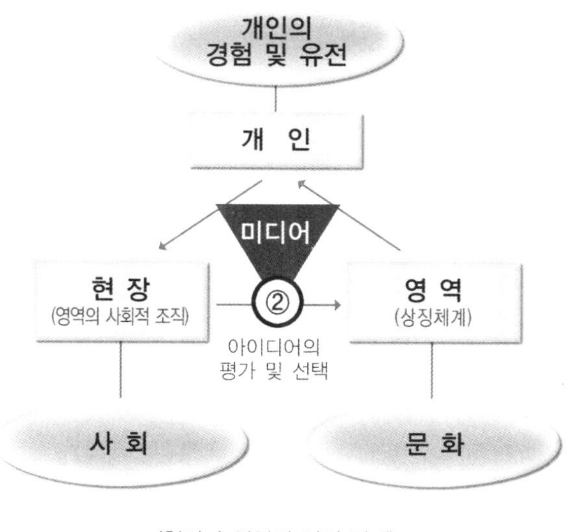

〈현장과 영역의 연결 관계〉

〈현장 속에서 창의성을 방해하거나 촉진하는 요인〉

방 해 요 인	촉 진 요 인
○ 관료적 조직구조 및 태도	○ 개방적, 분권화된 조직구조
○ 전통과 기존질서의 강요	○ 실험정신의 강조
○ 업무표준의 강조	○ 성공사례의 전파
○ 필요자원의 제약	○ 챔피언의 역할 강조
○ 의사소통의 제약	○ 실패에 대한 관용
○ 실패에 대한 처벌	○ 원활한 의사소통
○ 성공에 대한 무보상	○ 성공에 대한 적절한 보상

이 이전에 축적된 지식과 어긋나다면 인정받을 수 없다… 반면 예술에서는 종종 현장이 앞서 간다… 예술계에서는 과거의 닻에 확고한 지침이 없이도 영역에 포함될 가치가 있는 새로운 예술 작품을 결정 한다"고 말하고 있다. 이는 예술의 대중적, 상업적 표현이기도 한 콘텐츠비즈니스에서 독자적인 현장이 매우 중요하며 때로는 사회의 기성 패러다임을 무시하거나 공격, 파괴하는 과단성을 보이기도 한다는 통찰로 해석될 수 있겠다. 때문에 현장과 영역의 연결은 우선 콘텐츠비즈니스를 수행하는 주체인 사업자 내부의 조직 분위기와 문화 자체가 창의성에 대하여 얼마나 우호적이냐가 매우 중요하다. 위의 표는 현장 속에서 파악할 수 있는 창의성 방해, 촉진 요인들이다.

이와 같이 조직 차원에서의 창의성 관리가 중요하기 때문에 콘텐츠 비즈니스 사업자들은 조직 특성과 개인, 과업 등 3자간 관계성을 매우 적절하게 설정, 유지할 필요가 있다. 조직 구성원 개인에게는 채용, 동기유발, 개발, 교육 등의 가치를 제공하고 수행할 과업과 관련해서는 직무특성을 감안하고 적절한 보상 프로그램을 준비하여야 하며 이 모든 것들이 조직구조, 문화, 리더십, 의사소통 등 조직특성에 부합하도록 디자인되어야 한다는 관점이다.

〈사업자 내부 창의성 관리 요소와 개념도〉

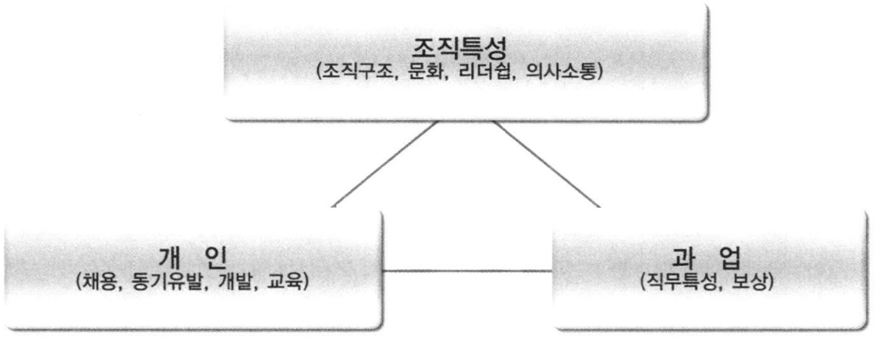

이 가운데 특히 콘텐츠 기업 내 창의성 관리 책임을 맡고 있는 경영자의 역할이 매우 강조되어야 한다. 경영자는 리더로서,

① 비전을 만들고 공유한다
② 명확하고 자유로운 의사소통을 한다
③ 구성원 간 협조적 관계를 형성한다
④ 격려하고 조언한다
⑤ 성공에 대하여 칭찬하고 보상한다
⑥ 실패에 대하여 다독거린다
⑦ 독창성과 자원제약 간 조화를 이룬다
⑧ 비전과 현실 간 조화를 이룬다

는 등의 역할을 성실히 수행하여야 한다. 또한 경영자는 다양하고 활발한 조직 내 커뮤니케이션 기법을 통해 아이디어의 양을 최대한 많이 확보하고 스스로 내리는 판단을 최대한 유보함으로써 창의적인 생각을 진작하여야 한다.

이러한 창의성 관리 프로그램에 따라 콘텐츠 비즈니스 종사자는 각자의 역할을 창의적으로 수행할 수 있게 된다. 아래 그림은 콘텐츠 비즈니스 전 과정을 〈Pre Production〉, 〈 Production〉, 〈Post Production〉 등으로 구분하였을 때 각 개인과 조직 집단이 수행해야 할 구체적인 업무를 설명해놓고 있다. 이 구체적이며 개별적인 업무 수행 과정에서 개인과 집단의 창의성이 발휘될 수 있도록 하는 것이 이 현장(field)의 주제이기도 하다.

〈콘텐츠 비즈니스의 구체적인 과정과 개별 업무〉

Pre Production

비즈니스컨셉, 제작기획 및 시스템 구축, 아디이에이션, 스토리라인 구축, 캐릭터모델링, 배경디자인, 칼라스크립트, 레벨디자인, 레이아웃디자인, 사운드 뮤직 디자인, 프로비주얼라이제이션, 시놉시스, 콘티(스토리보드), 시장조사 및 분석, 틈새전략, 제휴전략, 비즈니스모델링, 핵심콘텐츠 미디어믹스전략, 캐릭터 머천전략, 비즈니스모델링, 핵심 콘텐츠 미디어믹스전략, 캐릭터 머천전략, 라이센싱 전략, 경쟁전략, 수익화전략, 단계별 사업 추진전략, BI/CI전략, 웹기획, 데이타웨어, MARKET FEEDBACK

Main Production

프로덕션 관리시스템, 프로젝트 공정관리시스템, 해외 아웃소싱 원가관리시스템, 개발메뉴얼, 일정스케줄관리, 프로듀서목표관리, 프로젝트 업무조정회의, 자금계획, 스토리라인 제작 관리시스템, 소비자 및 목표시장 베타테스트

Post Production

수익창출시나리오, 제휴전략 및 머천파트너쉽관리, PPL시나리오, 4P전략, 머천다이징전략, 리스크관리시스템, 광고홍보전략, 유통네트워크전략, 로컬전략, 경영전략, 해외마케팅네트워크전략, 수익배분시스템, 특성별 계약시스템, 배급사관리, 시장반응별대응전략시스템

　조직의 창의성 또는 집단의 창의성과 관련하여 창의성이 극대화 될 수 있도록 다양한 배경을 가진 구성원을 선발하고, 창의력을 요구하는 문제를 명확하게 규명하며, 집단구성원 간의 효과적 상호작용을 통해 다양한 대안이 제시되고, 그 대안들이 시간을 두고 좀 더 분명한 아이디어가 되도록 숙성시킨 후, 이들 중에서 가장 좋은 것을 선택하는 과정을 통하여 혁신이 가능하게 된다는 연구도 나와 있다.

　도로시 레너드와 월터 스왑이 펴낸 '스파크(When Spark Fly)'에서는 아울러 집단 창의성 발휘에 있어 처음 단계이며 중요한 부분이다. 집단이 창의적이 되기 위해서는 의도적으로 집단 안에 창의적 마찰 과정을 설계해야 한다고 말하고 있다. 창의적 마찰과정이란 지식, 문화, 사고 스타일 등이 다양한 사람을 구성원으로 선발하고, 이들이 개인적인 마찰을 피하면서 각자가 제시하는 아이디어의 충돌을 통해 그 어느 구성원도 갖지 못했던 새로운 차원의 아이디어를 만들어 내는 과정을 말한다. 다양성을 가졌다는 것은 곧 마찰을 의미하는 것이며 바로 이 마찰을 통하여 창의성을 찾아내는 것이다.

　그 다음 단계로는 창의적 대안 마련이 중심이 되는데 이는 창의적 마찰과정을 구체적으로 관리함으로써 이질적 구성원들이 창의적 대안을 찾아내는 과정을 말한다. 이 과정을 관리함에 있어서 조심해야 할 것은 첫째, 마감시간에 맞추려고 시간적 압력을 가하면 집단의 운신의 폭을 제한하게 되므로 창의성을 감소시키게 된다. 둘째, 리더가 지시적이면 창의적 아이디어 발산이 방해를 받게 된다. 셋째, 집단이 외부 의견으로부터 고립되면 참신한 새로운 아이디어가 들어오지 못하게 된다. 넷째, 집단이 초기에는 상당히 이질적인 사람들로 구성되었다 할지라도 시간이 가고 외부의 적대적 환경이 조성되면 자기들도 모르는 사이에 내부 응집력이 강하

게 된다. 이렇게 되면 창의적 마찰이 사라지게 된다. 다섯째, 집단 내에는 시간이 지남에 따라 공식, 비공식적인 규범이 형성되어 그 규범이 창의성을 말살하게 된다. 이 장에서는 이러한 문제를 해결하기 위해 여러 가지 기법을 제시하고 있다. 브레인스토밍, 명목집단기법, 역할 연기, 신체 오감의 활용, 자연에서의 은유와 아이디어 모색, 벤치마킹, 외부인과의 교류, 감정이입, 건설적인 비판자의 설정과 같은 방법이 그 예로 제시되고 있다.

'스파크(When Spark Fly)'는 또한 다양한 기법을 소개하고 있다. 예를 들어 의견 수렴에 사용될 수 있는 기법으로는 핵심역량과 추진력, 시나리오작성과 재구성, 논의과정을 촉진시켜주는 퍼실리테이터의 활용, 명확한 의사소통, 수렴과정에서의 정상적인 충돌, 서로 다른 의견을 조정하기 위한 추론 사다리 등이 있다. 이 밖에 물리적 환경의 설계와 심리적 환경 설계도 다루어지고 있다. 물리적 환경의 설계는 경영학의 문제라기보다는 건축설계사의 문제로 보인다. 인간은 물리적 환경에 의해 마음과 생각이 열릴 수도 있고 닫힐 수도 있으므로 잘 설계된 공간은 집단 구성원들에게 다양한 자극을 주고 참신한 감각을 키워줄 수 있다. 그 뿐 아니라 사무나 작업환경을 개인과 집단 사이에 원활한 의사소통이 일어날 수 있도록 설계하면 그만큼 집단 내 구성원 간에 창의적 마찰과정이 형성되고 이러한 과정을 통하여 새로운 창의적 아이디어가 창출되며 한 사람 안에 있던 설익은 아이디어가 훨씬 더 구체적이며 유용한 아이디어로 발전할 수 있다는 얘기다. 심리적 환경을 관리하는 것은 창의성이 결국 집단의 학습과정에서 얻어지는 결과라는 점을 중시하는 관점에서 제시하는 해법이기도 하다. 어떤 프로젝트의 실패는 미래지향적으로 대단히 중요한 지식을 창출할 수 있으며, 이것이 미래의 창의적 성공에 중요한 씨앗이 될 수 있는 것이다. 즉, 실패를 두려워하지 말고 실패를 통해 미래지향적 학

습을 제대로 할 수 있어야 한다. 또한 창의력은 개방적 분위기에서 번성하게 마련이다. 반대의
견, 이단적 생각, 좋은 소식, 나쁜 소식 등 무엇이든지 자유롭고 솔직하게 의사소통이 될 수 있
는 조직분위기를 만드는 것이 중요하다. 그리고 조직에 대한 열정, 직무에 대한 열정, 그리고
제품에 대한 열정 등을 촉진할 때 창의력이 신장된다. 이를 위해서는 어렵지만 성취 가능한 목
표를 설정하고, 구성원들에게 많은 자율권을 부여하며, 계속적으로 학습할 수 있는 기회를 제
공해야 한다. 또한 열정에 불이 붙도록 사람과 조직의 직무를 잘 결합시키며, 외재적 동기요인
들이 집단 구성원들의 능력과 탁월한 업적을 인정하는 분위기가 창출되도록 관리해야 한다.

창의적인 CEO(Chief Entertainment Officer)되기

CEO를 Builder형, Manager형, Creator형으로 나눠놓기도 한다. Builder형은 오너 경영인이 주종을 이룬다.
Manager형은 조금은 관료적인 테크노크랏을 퍼뜩 연상시킨다. 위 둘의 공통점은? 둘 다 재미없는 타입이란 것.
이는 Creator형을 봄으로써 금세 확인할 수 있다. 잘 빠진 Creator형은 경영을 '토탈 아트'로 받아들인다. 그들
은 '구매의 예술화', '감성 마케팅', '유연하고 창조적 기업문화'와 같은 표현을 애용한다. 그들은 보스나 사장,
대표가 아니라 디자이너, 감독, 연출자, 설계사, 지휘자로 불릴 때도 있으며 그럴 때마다 내심 황홀해 한다.
Creator형 CEO는 고객을 소비자로 여기지 않는다. 합리적 소비패턴을 보이는 다소곳한 고객은 이미 시장에 없
다는 걸 익히 잘 알고 있다. 그냥 뼈와 살로 되어 있는 모순투성이 인간. 변덕이 죽 끓듯 하고 늘 백팔번뇌에 휩
싸여 있는 인간. 철학자 하이데거가 말한대로 평생 '염려하며 살아가는' 인간만이 실존하고 있음을 직시한다.
예전에는 그래도 경제학자들이 '群으로서 인간'을 워낙 강조했기 때문에 경영자들도 '그런가 보다' 하고 예측
가능한 고객에 대한 환상을 품고 살았었다. 컴퓨터처럼 486 나오고 펜티엄 나오면 팔리게끔 되어 있었다. 휴대
폰도 LCD화면을 크게 박아주면 새 수요가 일어났다. 이 때만 해도 Builder형, Manager형 CEO가 적합했다. 그
러나 이제는 딴 판이다. 휴대폰도 노트북PC도 기능은 기본이고 '뭔가 특별한 것'이 없으면 외면당하기 일쑤다.

그 특별한 '뭔가' 는 표현하긴 어렵지만 '명품' 과 맞닿아 있다. 삼성 애니콜이라는 제품의 개념이 휴대전화기에서 패션명품으로 둔갑했고 그 화려한 변신이 고객으로 하여금 짜릿한 전기를 느끼게 만든 것이 좋은 예다. 이처럼 고객이 느끼는 범상치 않은 전기, 감동, 분위기를 아우라(Aura: 魂, 氣)라고 한다. 바로 이 대목에서 Creator형 CEO가 구세주와 같이 등장한다. 자사의 제품에, 서비스에 아우라(Aura)를 불어넣어 그 힘으로 고객의 마음을 매혹시키는데 정열을 바치는 경영자. 고객을 애인처럼 여기고 스스로 시인이 되어, 작곡가가 되어 혼신의 힘을 다하는 리더. 이런 CEO는 기존의 자본가형이나 테크노크랏 스타일에서는 구하기 힘들다. 오직 창조적이고 감성적이며 예술적인 향기가 진동하는 사람, 제대로 된 Creator형 CEO에게서만 가능한 모델이다. 이들은 누구인가?

로널드 레이건, 아니타 로딕(바디샵 창업주), 리처드 브랜슨(버진 그룹 회장), 스티븐 스필버그, 마이클 오비츠(할리우드의 대표적 연예기획사, Artists Management Group 대표) ……

이 가운데 아니타 로딕을 보자. 그의 비즈니스 모토는 2000년에 펴낸 책 제목대로 'Business As Unusual' 이다. 아프리카 오지의 천연 향료로 목욕용품을 만들어 아로마 테라피를 전파하면서 세상 사람들에게 'Love Your Body and Soul!' 을 외친다. 이 부분, 즉 아름다움에 대한 편견과 맞서 싸우는 일이 그가 가장 공을 들이는 부분이다. '아름다움은 자신에 대한 숭상(Self Esteem)' 인데도 외모의 허상에만 탐닉해 있는 많은 사람들이 결국 자연을 파괴하고 사회의 오만과 편견을 증폭시킨다는 게 아니타 로딕의 생각이다. 이렇게 한 번 맘을 먹은 그는 오래 전부터 그린피스, 고래 구호, 소수민족과 여성 보호 등 운동에 헌신해왔고 예순을 맞은 현재까지 왕성한 활동력을 과시하고 있다.

그의 꿋꿋한 소신은 물론, 바디샵 회사의 활동 지침이요 성장의 동력이 되어 주었다. 바디샵은 재미있으면서도 생기가 충만해 있다. 'Social Business' 라고 하는 새로운 장르를 개척했다는 평도 얻고 있다. 일(노동, 작업)과 놀이(사회활동, 개인여가)가 하나로 일치하는 이상향을 바디샵에서 찾는 사람도 있다. 이쯤 되면 비즈니스이면서 동시에 한 창조적인 CEO의 작품이라고 일컬을만 하다.

아니타 로딕– 그의 '아름다운 신체와 정신' 을 테마로 한 비전 자체가 말랑말랑하면서도 재미있다. 또한 야릇한 흥분을 자아낸다. 없던 용기도 만들어내고 도전 정신도 생기게 만든다. 이런 새로운 비즈니스 패턴의 연출자, 그에게는 최고경영자(Chief Executive Officer)라는 딱딱한 명칭보다는 수석연출가(Chief Entertainment Officer)와 같은 새로운 이름이 더 잘 어울린다.

3) 영역과 개인의 연결

이 관계성에서는 문화적으로 켜켜이 쌓인 어떤 프로그램이 아직 성숙하지 못한 사회의 개인을 단련시키고 자극을 주게 되는 전 과정을 일컫는다. 이를테면 본 연구가 제시한 미디어중심 창의성 체계 모델에서 강조하고 있듯이 미디어 리터러시(Media Literacy)를 통한 학습과 지식의 전달(Critical decoding, Communication in classroom)이 좋은 예다. 날로 복잡다단해지고 있는 문화적 환경 속에서 문제적인 한 개인은 미디어를 비판적으로 해독하여야만 창의성을 자기 것으로 가져올 수 있다. 한 개인이 미디어 수용자의 입장에서 미디어가 제공하는 콘텐츠를 비판적인 시각으로 수용, 또는 해독하기위한 능력을 기르는 과업을 사회 전체가 참여하는 문화적 행동과 교육으로서 수행하도록 하는 취지다.

관련하여 문화적 세례를 통한 다양한 창조성 기르기가 소개되

〈영역과 개인의 연결 관계〉

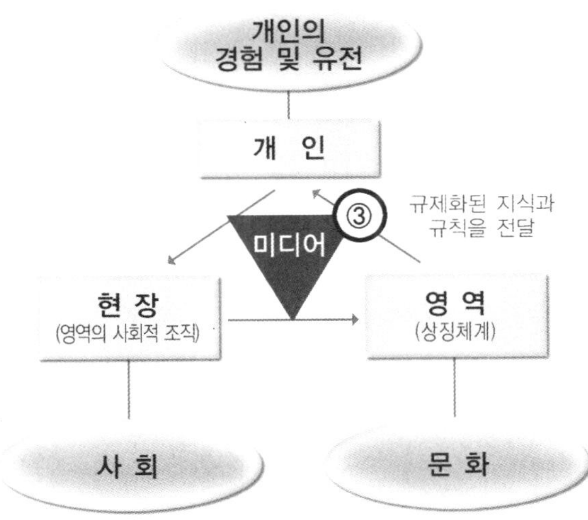

159

고 있다. 바하의 음악듣기, 브레인 스토밍 하기, 제점을 정의하기, 산책하기, 다독하기 등도 그런 맥락이다. 마인드 맵, 브레인 스토밍, 브레인 라이팅, 팀 플레이 등 창의성 교육 방법 등도 얼마든지 콘텐츠 또는 콘텐츠 비즈니스 관련 프로그램으로 재구성하여 적용할 수 있겠다.

여기서는 대표적인 교육 경로인 학교를 통해 창의성을 육성, 개발하는 방안을 간단하게 소개해보고자 한다(De Souza, Fleith 2000).

① 창의적인 생각을 시간을 주기
② 창의적인 아이디어와 성과물에 대한 보상해주기
③ 적절하게 위험을 감수하도록 장려하기
④ 실수를 허용하기
⑤ 다른 관점을 상상해보기
⑥ 주어진 환경을 탐사해보도록 북돋워주기
⑦ 기본 전제에 대해 질문하기
⑧ 평가하고 판정하는 것을 삼가기
⑨ 경쟁보다는 협업을 북돋워주기
⑩ 제한된 선택보다는 자유를 보장해주기
⑪ 다른 생각과 다양성을 장려하기
⑫ 실패가 아닌 성공적인 방향으로 이끌어가기
⑬ 단순한 암기 형태 방식 지양하기

칙센트미하이는 이와 관련하여 창의적 문화 환경의 직접적인 영향을 의미하는 물리적인 환경에 대하여 언급하고 있다. 창의성을 생성, 재생산하여 개인의 역량으로 환원시키기 위해서는 우선 개인이 적시적소에 위치할 수 있어야 한다. 어느 장소에 있는지가 중요하다는 얘기다.

콘텐츠와 관련해서 보면 아름다운 자연환경도 창의성 생성에 중요한 영향을 주는 환경요소로서 포함된다. 칙센트미하이는 전성기의 아테네, 10세기 아랍 도시들, 르네상스 시대의 플로렌스, 15세기 베니스, 19세기 파리, 런던과 비엔나, 20세기 뉴욕 등이 모두 풍족하고 국제적인 문화 환경을 창출하였기 때문에 인과적으로 보아 풍부한 창의성이 발현될 수 있었다고 말하고 있기도 하다.

'싱어 송 라이터'형 인재 길러내기

서울의 어머니는 옷가게에 가면 아이를 서 있게 하고 손수 새 옷을 골라준다. 밀라노의 어머니는? 아이더러 직접 가서 맘에 드는 옷을 골라오게 한다. 그 서울의 아이는 곱게 자라 미대에 가지만 아름다움을 볼 줄은 알아도 창조하는 일에는 영 자신 없어 한다. 밀라노의 그 아이는 커서 놀라운 색깔 감각과 독특한 스타일을 만들어 세계적인 패션 디자이너로 성장해간다. 생생한 교육의 차이다. 이와 같이 밀라노와 서울의 영특한 두 아이는 자라온 환경에 따라 원작자와 추종자로 갈린다. 밀라노가 키운 원작자는 규칙 제정자(rule maker)로서 패션계의 유행을 창조하고 발신하며 문화권력까지 쥔다. 조르지오 아르마니나 루치아노 베네통 같은 이가 표본이다.

지금 온 세계가 원하고 있는 인재는 바로 창조적 역량과 영혼을 지닌 사람이다. 세계 역사가 산업화에서 정보화로 넘어온 지 20여 년만에 다시 멋진 신세계로 옮겨가고 있기 때문이다. 감성화, 예술화, 드림 소사이어티, 휴먼터치의 시대라고 사람들이 부르는 이 신대륙은 문화와 경제가 만나는 영역, 바로 콘텐트의 세계다. 이 곳에선 더 이상 딱딱한 기술과 건조한 지식을 섬기지 않아도 된다. 말랑말랑한 감성과 지혜가 꿈과 사랑, 감동을 연출해 사람들을 매혹시키는 마술이 펼쳐진다. 이 마법의 성은 해리포터의 작가 조앤 롤링이나 스티븐 스필버그와 같은 창작자에 의해 다스려진다. 우리가 간절히 원하는 콘텐트 세계의 통치자도 바로 이런 인물들이다. 하지만 우리에겐 너무나 귀하다.

청소년에게 장래 희망을 물어보면 프로게이머나 백댄서, 가수는 곧잘 말하지만 게임 기획자, 영화 제작자, 연예 기획사 사장은 드물다. '싱어'만 원했지 '싱어 송 라이터'는 없다는 얘기다. 여기서 바로 콘텐트 인력양성을 촉구하는 〈긴급 동의〉가 튀어나온다. 그동안 얼마나 한 쪽만 보여주고 화려한 외양만 강조했으면 죄다 '재주 부리는 곰'이 되길 원했는가 하는 말이다. 당연히 돈 버는 왕서방이 낫고 문화, 예술과 경영을 겸하는 쪽이 실속이 있지 않은가?

지금이라도 투자를 늘리고 생각을 바꿔 복합형 인재, 즉 '싱어 송 라이터' 타입이자 만능 엔터테이너를 키우는 데 눈을 떠야 한다. 이런 재목들은 그야말로 한 마을, 사회 전체가 달라붙어야만 키워낼 수 있다. 어쩌면 졸업에서 취업까지가 너무 먼 현행 교육 시스템을 허물어야할지도 모른다. 베네통의 R&D센터인 파브리카가 좋은 예다. 학교이자 연구소로서 학업과 동시에 실제 프로젝트를 수행하고 개인 창작도 병행하는 시스템을 도입해 베네통도 더욱 키웠고 자신들도 커가는 실리를 챙겼다. 이 파브리카는 상상력 발휘, 즉 'Image Setting'을 핵심 역량으로 삼아 콘텐트 창작 인력을 키운다는 자긍심을 지니고 있다. 일본 애니메이션의 심장인 스튜디오 지브리도 학교와 직장, 공방이 결합한 곳이다.

이들이 배출하는 인재가 곧 '싱어 송 라이터'들이다. 이들만이 영국 정부가 말한 대로 게임이나 애니메이션은 물론이고 건축, 패션, 디자인과 같은 모든 소프트한 창작산업, 즉 콘텐트 산업에 두루 통하는 핵심 인재임이 분명하다.

우리도 당장 쉬운 프로게이머보다는 깊이 있게 게임을 창작하고 사업도 겸할 수 있는 '싱어 송 라이터'를 길러낼 수 있는 체제로 전환해야 한다. 인력을 양성하는 대사에 정부와 대학, 미디어가 모두 집중해야 할 때다. 사람에 대한 투자는 우리 문화 인프라를 튼튼히 하는 일이면서 콘텐트 세계의 금맥인 우리의 문화원형을 채굴하는 일이기 때문이다.

콘텐츠 산업 인적자원개발 해외 사례

해외에서도 문화산업의 중요성에 대한 인식은 민간과 정부에 공통적으로 깊이 자리잡고 있으며, 문화산업 인적자원개발을 위한 활동도 활발하게 이뤄지고 있다. 이하에서는 해외의 문화산업 인적자원개발 사례를 1) 활동 영역별과 2) 추진 주체별로 구분하여 살펴 보고자 한다. 활동 영역의 경우에는 문화산업 가치시스템 분석에 기반하여 스토리/제작/비즈니스/기술 인력의 경우로 구분하고, 추진 주체의 경우에는 공공 교육기관/민간대학/지역클러스터/기업의 경우로 나눠 살펴본다. 이상의 경우들은 모두 교육훈련을 통한 인력 양성에 초점을 맞추고 있는데, 그 외의 노동시장 정책까지 포괄하여 문화산업 인적자원개발이 추진되는 사례로 영국과 캐나다의 문화산업 분야 Sector Council의 사례를 꼽을 수 있다.

활동 영역별 해외 사례 분석

문화산업은 산업 차원의 가치시스템(Value System: 개별 기업 가치사슬의 총합 형태)에서 매우 독특한 구조를 갖는다. 문화산업의 제품이자 유통 대상인 콘텐츠 상품의 창조와 관련한 전 과정에서 문화, 예술과 공공영역, 기술, 소비자 시장 환경 등 외부적 요인과 내부적인 제작, 공급, 서비스 등 총 7개 정도의 요소가 결합해야 비로소 성공적인 콘텐츠 비즈니스, 즉 문화산업 활동이 이루어진다. 이처럼 콘텐츠 상품의 가치와 효용을 결정짓기까지 진행되는 전 과정이 바로 콘텐츠 비즈니스 프로세스이다.

성공적인 콘텐츠 비즈니스를 설계하고 실행하기 위해서 가장 먼저 살펴 봐야 할 부분이 각 구성 요소(elements)와 이들 요소의 동적인 흐름 및 상호 관계를 명확히 하는 일이다. 그림〈문화산업의 가치 흐름〉에서는 문화콘텐츠의 가치 흐름을 나타내고 있는데, 이에 따르면 가로축으로 1, 2, 3, 3가지 사슬(Chain)이 전후 관계로 연결되어 있다. 이렇게 연결된 3가지 사슬이 콘텐츠를 제작(Production Chain)하고 공급받아(Supply Chain) 고객들에게 서비스하는(Service Chain) 기본 3가지 요소를 나타낸다.

문화산업 기업의 가치흐름(Value Stream)

아울러 이들 기본 요소에는 비즈니스 현장에서 직, 간접 영향을 주고받는 4개의 환경 요소들이 위성 그룹으로 연결되어 있다. 이들 환경 요소들이 기본 3대 요소들에게 모두 영향을 끼치는 것은 아니다. 우선 〈Technology Chain〉은 〈Production Chain〉과 〈Service Chain〉에 커다란 영향을 준다. 아래 그림에서는 요소별로 맞닿아 있는 접점을 표시함으로써 상관관계를 명시해놓고 있다. 또한 〈Culture & Art〉의 요소는 콘텐츠를 제작하는 〈Production Chain〉을

163

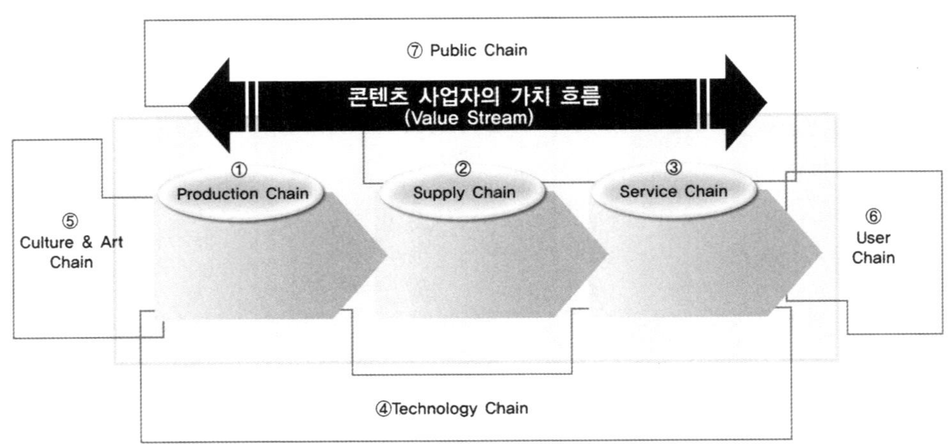

후원하고 자양분을 공급하는 하나의 거대한 수원지(Reservoir) 역할을 하는 원인 요소(causal element)이다. 〈User Chain〉은 물론 〈Service Chain〉을 좌우하기도 하면서 실상은 비즈니스의 주체인 기업으로서는 통제할 수 있는 권역 밖의 존재라고 묘사할 수 있다. 끝으로 〈Public Chain〉은 사업체간 거래 관계를 기반으로 하는 〈Supply Chain〉과 요금부과, 고객 관리 등을 포함하는 〈Service Chain〉과 밀접한 관련이 있다.

이와 같은 관점에서 성공적인 사례를 우선, 가치흐름별로 나눠 살펴보고자 한다. 첫 번째는 위에 설명한 모델에서는 콘텐츠를 제작하는 〈Production Chain〉을 후원하고 자양분을 공급하는 하나의 거대한 수원지(Reservoir) 역할을 하는 원인 요소(causal element)인 〈Culture &

Art〉의 요소에 해당하는 스토리 개발 부문이다. 두 번째는 본격적인 콘텐츠 제작을 의미하는 〈Production Chain〉이고 세 번째는 콘텐츠 비즈니스의 후반부, 즉 공급과 서비스 , 고객 관리 등을 커버하는 〈Supply Chain〉, 〈Service Chain〉, 〈User Chain〉 등이다. 여기서는 이들 〈Supply Chain〉, 〈Service Chain〉, 〈User Chain〉을 통칭 비즈니스 인력으로 구분해 보았다. 끝으로 네 번째는 문화산업 가치흐름의 〈Technology Chain〉에 해당하는 기술 관련 인력이다. 이러한 순서대로 스토리개발과 제작, 비즈니스, 기술 등의 활동 영역별 인적 자원 개발 사례를 살펴 보기로 한다.[4]

스토리 개발 인력의 양성

전문 예술 교육기관에서 스토리 개발 인력을 양성하는 예로 California Institute of Arts의 교육프로그램을 들 수 있다. California Institute of Arts의 교육프로그램은 6개의 전공 영역으로 구분되어 있는데, 이중 하나인 비평연구 프로그램(School of Critical Studies)에서 스토리 개발을 위한 전문 인력을 양성하고 있다. The School of Critical Studies에는 3가지 유형의 스토리 개발 인력 양성 과정이 있는데, 작가과정(Writing Program), 통합매체과정(Integrated Media Program in Writing), 복수전공 과정(Interschool Program in Writing)이며, 모두 예술학 석사(Master of Fine Arts) 학위를 수여한다.

기존의 영화 및 텔레비전 제작 관련 교육과정을 제공하는 교육기관에서도 스토리 개발 인력이 양성되고 있다. 대개 이런 프로그램들은 기존의 영상 작가 프로그램에 상호적 디지털 매체의 특성을 반영하여 애니메이션, 인터랙티브 미디어, 온라인 미디어, 게임 등의 스토리 개발인

---

4. 활동영역별 인력양성에 대해서는 고기정(2003)을 주로 참조하였다.

력 양성 프로그램으로 교육 내용과 방향이 확대, 개편되어 운영되는 경우가 많다. 예를 들어 University of Southern California의 School of Cinema에 소속된 The Division of Writing for Screen and Television에서는 영화, 비디오를 비롯한 영상물의 창작 및 개발 인력을 양성하기 위한 학사와 석사 과정을 운영하고 있다.

제작인력의 양성

제작인력을 양성하기 위한 교육과정은 크게 두 가지 유형으로 나누어볼 수 있는데, 하나는 전통적인 예술 혹은 디자인학과나 영상매체 관련 학과들이 확대 개편된 경우이고, 다른 하나는 디지털 기술을 기반으로 새로운 학과나 전공이 설치된 경우이다. 어느 쪽이든지 예술, 미디어 영역, 디지털 기술이 한데 어우러져서 새로운 전공을 만들고 있다고 볼 수 있다. 그러나 전공의 소속은 학교에 따라서 다르다. 예를 들어 아래 표에서 보듯이, 같은 애니메이션 전공이라도 미국의 Pratt Institute에는 예술과 디자인 학부의 Computer Graphics and Interactive Media 학과에 설치되어 있고, California Institute of Arts에는 영상매체를 만드는 Film/Video 학부에 있으며, New York에 있는 School of Visual Arts에는 애니메이션 전공이 독립되어 있다.

또한 같은 전공이라도 어떤 배경을 갖고 있는가에 따라 지향하는 교육의 방향에 차이가 있다. 전통적으로 예술이나 디자인 분야를 기반으로 하는 프로그램은 기본적으로 예술적인 성향이 강하여 순수예술 혹은 응용예술 관련 교육을 강조하며, 관련 학과나 전공 프로그램과의 연계를 통해 예술적인 감각을 갖춘 인력을 양성하는데 중점을 두고 있다. 예술적인 경험과 능력을 키울 수 있는 교육내용과 함께 매체나 기술에 대한 지식과 기술을 익히는 교육내용도 크게 강조되고 있다.

새로 만들어진 애니메이션이나 상호적 미디어 관련 학과 또는 전공들이 영상제작물을 만드는 학과에 소속되어 있거나, 혹은 기존에 이들 학과가 있는 경우, 인력양성은 이들 기존 학과와의 긴밀한 연계 속에서 이루어진다. 특히 영화나 비디오, 텔레비전과 같이 주로 특정 매체의 콘텐츠를 개발하는 인력을 양성하던 학과들은 컴퓨터 그래픽, 애니메이션, 3차원 모델링 등의 개발 기법들과 온라인 미디어의 활용 등 디지털기술과 관련된 교육내용들을 적극 도입하여 상호성과 예술성을 기반으로 하는 새로운 유형의 콘텐츠 개발 인력 양성 프로그램으로 변화하고 있다.

비즈니스 인력의 양성

비즈니스 인력 양성 프로그램은 경영학적인 시각에서 경영학 학사 혹은 석사 학위를 수여하는 경우와 예술적인 시각에서 예슬 관련 학사나 석사를 수여하는 경우로 나누어 볼 수 있다. 경영학 관련 학위 수여과정은 대체로 경영학과 영상매체 제작관련 학과와의 협동과정 형태로 운영되는 경우가 많다. 예를 들어, University of Southern California는 비즈니스 분야에 전문성을 가진 경영학과와 제작 분야에 전문성이 있는 영상관련 학과(School of Cinema-Television)가 공동으로 학사 학위 프로그램을 제공하는 협동 학위 과정을 운영하고 있다. 이 과정은 경영학도들을 위한 프로그램으로 경영학과 입학생들에게만 자격이 주어진다. Loyola Marymount University에서 제공하고 있는 International MBA in the Media 프로그램은 Loyola Marymount University의 College of Business Administration과 School of Film and Television이 공동으로 운영한다. 이 과정은 2000년 3월에 처음으로 개설되었는데, 1년 과정의 집중 경영학 석사 과정이다. 엔터테인먼트와 미디어 산업의 세계화 추세에 따라 Center for Asian Business도 이 과정의 운영에 참여하고 있다. 이와 같은 협동과정 프로그램은 기존의 영화나 텔레비전 대상의 엔터테인먼트 산업 비즈니스 인력 양성 프로그램에서 한 걸음 나아간 것으로서, 교육의 내용과 범위가 디지털 기술과 산업 영역 확장에 맞게 확대 발전된 것이다.

예술의 관점에서 비즈니스 업무를 수행하는 인력을 양성하는 교육 프로그램으로는 Syracus University의 Music Industry 교육과 영국의 University of Warwick에서 제공하는 Creative and Media Enterprises 과정을 예로 들 수 있다. Syracus University는 College of Visual & Performing Arts, Music에서 음반산업에 관한 교육프로그램을 제공하고 있으며, 음악 학사 학위를 수여하고 있다. 음악의 시각에서 경영학적인 지식과 마인드를 갖춘 인재를 양성하기 위한 프로그램으로 수준 높은 음악적 소양과 음반산업에 대한 이론적 실제적 지식과 경험의 습득을 주요 교육목표로 하고 있으며, 인턴십을 통해 학위 과정 중 음악 관련 산업체 현장에서 실질적인 경험을 쌓을 수 있다.

영국의 University of Warwick에서는 School of Theatre Studies에서 Creative and Media Enterprises 과정을 제공하고 있는데, 이것은 문학석사(Master of Arts) 학위를 수여하는 프로그램이다. 이 프로그램은 전통적인 기업과 달리 창의성을 바탕으로 하는 소규모의 creative firm들이 세계화의 물결과 급변하는 산업 환경 속에서 어떻게 살아남을 수 있을 것인가에 대한 구체적인 생존전략과 다양한 아이디어를 제공해 준다. 이 프로그램은 창조산업의 조직적, 상업적, 법적, 문화적 기본 구조를 이해하고, 사례분석을 통해 실제적인 현장의 노하우를 살펴

보며, 다양한 산업 영역과 수준에서 활용할 수 있는 대응 전략을 모색하는 교육내용으로 구성되어 있다.

기술 관련 인력의 양성

문화산업 영역이 확대되면서 통상적인 제작 관련 인력이나 최근에 수요가 늘고 있는 기획 및 비즈니스 인력 뿐 아니라 새로운 분야에 대한 인력 수요가 점차 늘고 있다. 대표적인 분야가 첨단 기술과 디지털 콘텐츠의 관리와 보존 등에 관한 전문성을 가진 인력에 대한 수요라고 할 수 있다. 특히 이중 첨단 기술인력과 관련하여 MIT Media Lab의 경우를 살펴 볼 수 있다. Media Lab에서 운영하고 있는 Media Arts & Sciences 프로그램에서는 최첨단 기술의 적용에 관한 학제적 접근을 통해 다양한 연구를 수행하고 있는데, 이러한 연구 활동은 자연스럽게 교육 활동과 연계되어 첨단 미디어 기술을 콘텐츠 개발과 연계시키는 전문 인력 양성이 이루어지고 있다.

MIT Media Lab의 첨단기술 인력 양성을 위한 교육과정을 살펴보면, 1980년에 개설된 The Media Lab은 미국 MIT 대학의 School of Architecture and Planning에 소속되어 있는 연구소이다. 현재 교수진, 연구진, 방문과학자들을 포함해서 약 40명의 연구원들이 인지과학, 학습, 전자음악, 홀로그래피 등에 관한 연구 활동을 하고 있다. 이 연구소에 소속된 학생들은 약 135명인데, 석사과정 학생수와 박사과정 학생수가 거의 비슷하다. 학부에서의 컴퓨터 전공자는 절반도 되지 않으며, 엔지니어링, 물리학, 교육학, 음악, 영화, 철학 등 다양한 배경을 가진 학생들

을 대상으로 디지털 기술을 기반으로 하는 학제간 연구와 교육이 활발히 이루어지고 있다.

Media Lab은 MIT내의 다른 연구소와 달리 연구 프로그램 뿐 아니라 Media Arts and Sciences라는 교육 프로그램을 제공하고 있다.[5] 학부생 대상의 학위 프로그램은 없지만, 학부생들에게는 다양한 주제로 진행되는 연구소의 연구활동에 참여할 수 있도록 하여 이를 통해서 학습이 이루어질 수 있는 기회를 제공한다. Media Arts and Sciences(MAS) 프로그램의 석사과정에서는 Master of Science 학위를 수여하는데, 학생들은 희망에 따라서 Master of Science in Media Arts and Sciences나 Master of Science in Media Technology 중에 선택할 수 있다.

석사과정학생들은 자신의 연구과제를 수행하는 외에 매학기 2개 과목을 수강한다. 2년 동안 교과목들을 수강하며, 연구논문을 제출한다. 박사과정은 석사 이후에 3학기 과정을 더 수강하고 자격시험과 논문을 제출하면 된다. 석사과정의 학생들은 연구소의 연구보조원으로서 교수의 강의보조와 프로젝트를 보조하고, 연구활동을 하면서 전액 장학금과 보조금을 지원받는다. 일반적으로 학위과정에 소요되는 시간의 절반 가량을 연구활동에 사용한다.

Media Lab은 연구소라는 환경 자체가 하나의 지적인 학습환경이기 때문에 MAS 프로그램에서는 무엇을 가르치느냐 하는 것도 중요하지만, 어떻게 가르치느냐 하는 것도 매우 중요하다. 따라서 매우 개방적인 연구 환경을 만들기 위해 노력한다. 연구활동의 결과나 교수들의 프로젝트 결과에 대한 지적재산권이나 특허권은 학교가 가지지만, 연구 결과 자체는 MIT의 Technology Licensing Office나 연구소의 규칙에 따라서 연구자, 학생, 후원기업들 모두에게 공개된다.

Media Arts and Sciences 프로그램에서는 아틀리에 방식으로 이루어지는 교육과 함께 연

5. http : //www.media.mit.edu/

구와 실습이 매우 중요하게 여겨진다. 교수들의 연구 분야가 중요한 교육내용이 된다고 할 수 있다. 현재 진행 중인 교수진의 주요 연구 관심 분야는 과학, 기술, 인간 커뮤니케이션 미학, 인간과 기계간의 상호작용 등 이다. 현재 진행 중인 연구과제들의 목록을 보면, 예술, 기술, 심리학, 교육학, 사회학, 커뮤니케이션, 과학, 수학, 물리학 등 다양한 영역의 학문들을 디지털 기술과 연계한 첨단의 연구활동들이 진행되고 있다.

MIT의 Media Arts & Sciences에서 제공하고 있는 교육과정은 인간의 커뮤니케이션 증진을 위한 디지털 기술의 활용 방법에 대한 교육과 연구를 수행하는 것이 주요 목적으로서 학부생들에게 디지털 기술의 향후 발전 가능성과 적용에 대한 연구와 학습의 기회를 제공하는 역할을 하고 있으며, 석박사 중심으로 운영되고 있다. 연구소를 중심으로 운영되기 때문에 프로젝트 중심의 연구 활동을 기반으로 하는 도제식 학습 경험을 제공하는 것이 큰 특징이며, 교육과 연구, 현장 실습 및 적용을 균형있게 운영하고 있다.

기술 발전과 사회 변화, 문화콘텐츠산업 영역의 확대에 따라서 산업 현장에서는 이와 같은 변화에 적절하게 대응할 수 있는 새로운 유형의 인력 양성에 대한 요구가 점차 늘어날 것이다. 이상에서 본 바와 같이 해외의 선진 교육기관들은 교육과정의 전문화와 유연성 확보, 관련 분야 간의 적극적 협조와 연계 등을 통해서 산업 현장의 변화에 적극적으로 대처하면서 현장에서 필요로 하는 전문 인력을 양성하기 위해 많은 노력을 기울이고 있다.

민간 대학 사례

공적인 성격을 더욱 강하게 띠는 형태의 문화산업 인적자원 개발 유형과 달리 민간 대학의 사례들은 훨씬 더 유연하고 다양한 움직임을 보여주고 있다. 유럽과 미국의 대학들이 저마다 주어진 지역적, 산업적 환경에 적응하는 방식이 다른데다 지향하는 목표점과 목표로 향해가는 전략 프로그램이 워낙 다채로운 갈래로 나타나고 있기 때문이다.

21세기 들어 가장 활발한 교육 사업을 펼치고 있는 국가는 단연 영국이다. 이는 영국이 문화산업(창조산업)을 국가 전략 산업으로 설정한 것과도 관련이 있지만 국가적인 전략을 실행하는 과정에서 실제로 각 지역의 주민과 지방자치단체, 지역 기업과 지역의 대학이 합체가 되어 긴밀한 협업을 성사시켜나가고 있기 때문에 가능해진 일이다.

1) 영국 리버풀 ICDC

맨체스터와 가까운 리버풀 지역의 대표적 대학인 존무어스 대학교(JMU)가 주축이 되는 ICDC(International Centre for Digital Content)는 1997년부터 본격적인 활동을 시작하였다. ICDC는 리버풀 클러스터 전체의 조정 역할을 담당하고 있으며 'skills developmen', 'small business training', 'deveolping network' 등 3가지 과업을 중점적으로 수행하고 있다. 아울러 ICDC는 인큐베이터 역할을 통해 영국정부가 제시한 창조산업내 20개 영역에서 인력을 재배치(Replacement)하는 프로젝트를 수행하기도 한다.

ICDC는 리버풀의 존 무어스 대학교(JMU)의 일부로서 특히 디지털 콘텐츠 솔루션의 세계 리더를 지향하고 있다. 실제로 ICDC의 R&D 기구는 뉴 미디어, 디지털 기술 부문 세계 최고의 명사들과 함께 활동하고 있다. 이미 스티븐 스필버그가 ICDC R&D 기구의 버츄얼 세미나에 참여했는데 이러한 경우에는 영국에서 처음 있는 일로 평가받고 있다.

ICDC는 또 채널4, AMD, Mersey TV 등으로부터 스폰서를 받고 있으며 이들과 미래의 미디어 콘텐츠 개발에 함께 수행하고 있다. 특히 지역 문화산업의 리더이자 영국 방송계의 명사인 필 레드몬드 Mersey TV 회장은 "영국이 ICDC와 같은 센터를 갖는 것은 아주 결정적으로 중요한 일이다"고 말하고 있다. ICDC는 또 EU와 Merseyside의 Objective 1 프로그램으로로부터 지원을 받고 있으며 정규적으로 BBC, Nokia, HP 등이 발주하는 문화산업 관련 프로젝트를 수행하고 있다.

ICDC와 JMU는 교육과정에서 다양한 학위 프로그램을 운용하면서 문화산업 인적 자원 개발에 직접적으로 참여하고 있다. 학위 프로그램을 보면 Multimedia Arts(석사), Digital Game(석사), New Media Production(석사) 등이 있다. 또한 Media Professional Studies-Television/Radio(학사), Scree Studies(학사), Digital Media Design Studies(학사), English Literature and Creative Technology(학사) 등 다양한 코스를 운영중이다.

이들 프로그램은 주로 단기과정을 중심으로 철저하게 현업의 수요에 맞춰 디자인되어 있으며 교육과 연구가 일체화되도록 다양한 연구소도 운영하고 있다. 예비 인력 양성을 위해서는 14~18세 대상 특수 전문 칼리지를 두고 있으며 일반 시민이나 아마추어 작가, 기술자를 위해서는 문화산업의 다양한 부문과 연관된 커뮤니티 센터를 경영하고 있다.

ICDC의 이러한 활동을 뒷받침하는 시스템에서 눈여겨볼만한 대목이 있는데, 바로 디지털 아카데미로서 다양한 파트너를 확보하고 있다는 사실이다. 파트너는 지역의 JMU(존무어스 대학교), Mersey TV, 리버풀시, Learning and Skills Council, North West Development

Agency 등이 망라되어 있다. 이러한 파트너십 기반의 활동은 학생과 지역의 기업을 최대한 활동 과정에 끌어들이고자 하기 때문에 가능한 일이다. ICDC는 이러한 공동 작업 과정에서 효과적으로 새로운 기술을 학생이나 기업에 전해줄 수 있다는 장점을 충분히 활용하고 있다. ICDC는 수시로 무료 세미나(디지털 콘텐츠 관련)도 개최하고 있는데, 2003년 5월 한 달 동안에만 이루어진 행사를 보면, 2003년 5월 14일 모바일 기기를 위한 콘텐츠 개발, 5월 19일 인터랙티브 TV, DVD를 위한 콘텐츠 개발, 5월 20일 차세대 웹 개발 등을 들 수 있다.

이처럼 지역의 한 대학교가 주도하는 연구소와 같은 기구 하나가 문화산업 인적자원개발은 물론 연구, 프로젝트 비즈니스 등을 총체적으로 수행하는 자체 브랜드로 성장할 수 있게 된 데에는 리버풀 시의 전적인 지원이 큰 도움을 주었다. 리버풀 시는 미래로의 발전에 있어 문화산업클러스터가 핵심 역할을 수행할 수 있도록 지원하고 있으며, 특히 도시건립 800주년이 되는 2008년을 계기로 유럽 문화수도 프로젝트(Liverpool 2008, European Capital of Culture Bid)를 펼치며 도시의 비전을 문화산업에서 찾고 있다. 바로 이러한 활동의 최일선에 ICDC가 있다.

2) 일본 도쿄공과대학

일본 도쿄 공과대학의 미디어학부는 일본의 대표적인 첨단 문화산업 관련 교육기관으로 손꼽힌다. 학교 규모를 보면 전체 공과대학 교수가 114명, 학생은 5천명 수준이다. 이 학교의 미디어 학부는 5년째(2004년 기준) 된 학부로 제작부문에서 특히 강세를 보이고 있으며 학생들의 인기 또한 높다. 450명 신입생 모집에 경쟁률이 10:1에 이르고 있을 정도다. 이 가운데 80%가 게임과 애니메이션, 영화 등 콘텐츠 제작을 원하고 있다. 최근에는 대학오픈캠퍼스 프로그램을 통해 일반 고등학생도 교육 프로그램에 일부 참여하고 있다.

이 대학 미디어 학부는 표현(제작기술), 환경(시스템), 기술(소프트웨어) 3분야에 걸쳐 각 150명씩 배정되어 있다. 기본적으로 공과대학교이므로 컴퓨터에 기초를 두고 콘텐츠 제작에 특성화하고 있다. 특히 실습을 중시하여 1, 2학년생들은 콘텐츠산업 영상 등 기본 기술을 습득하여야 하고 3학년은 각 전문 분야를 연습하고 4학년은 졸업연구(논문)와 작품을 제출하도록 하는 커리큘럼을 운용중이다. 이 결과 취업률이 93%로 높은 편이다. 미디어 학부의 교수요원은 70명으로 다양한 경력을 가진 전문가 집단이다.

도쿄 공과대학 미디어 학부가 인적자원 개발 차원에서 두드러진 성과를 보이는 원동력 중 또 다른 하나는 실질적인 산, 학 네트워크 가동에서 찾을 수 있다. 'Creative Consortium'으로 불리는 이 네트워크는 일본의 50~60개 회사가 참여하여 기업이 하기 어려운 각종 리서치 업무를 담당하고 있다. 여기에는 90년대 동안 일본의 장기 불황으로 기업이 자체적으로 기초 연구 활동을 수행하기 어렵다는 상황도 크게 작용하였다. 이를 통해 대학은 네트워크 참여 기업의 우수 사례를 분석하고, 그 과정에서 얻어진 문화콘텐츠의 성공요인을 현장 제작사, 게임 회사, 방송국 등에 전달하는 역할을 담당하게 되었다. 실제로 일본이 강점을 갖고 있는 애니메이션 부문에서는 디지털 전환을 통해 제작기간과 비용을 단축할 수 있도록 돕기도 하였다. 이러한 사례는 문화산업 기업이 담당하지 못하는 기초 연구 활동을 대학이 분담함으로서 새로운 기술 및 비즈니스 방식에 대한 현업 종사자의 적응 기간을 단축할 수 있게 한 중요한 사례이다.

이 같은 산, 학 협력에 정부도 재정 지원을 통해 참여하고 있다. 일본 정부와 이 학교가 50:50(2억6천만엔) 방식으로 출자하여 콘텐츠테크놀로지센터를 설립한 것이 좋은 예이다. 이 센터는 다양한 디지털 영상제작 기술 연구개발(디지털시네마, 애니메이션, 방송, 모바일까지

활용)을 담당하여 현업 종사자들이 자신의 전문 기량을 향상할 수 있도록 하는 기회를 제공해 주고 있다.

지역 클러스터 관련 사례

여기서는 문화산업 인적 자원 개발을 주도적으로 실행하고 있는 지역 클러스터 관련 사례로 서 영국 셰필드시와 스웨덴 쉬스타, 핀란드 울루 등 3군데를 소개하고자 한다.

1) 영국 셰필드 문화산업특별구역

영국 셰필드시 할람 대학은 셰필드 문화산업클러스터의 교육과 연구를 주도하는 대표적인 기관으로, 미디어와 디자인을 양대 축으로 설정하고 있다. 디자인은 주로 창조산업(creative industry)과 인접하는 영역에서 비즈니스 가치가 높은 분야에 초점을 맞추고 있다. 할람 대학 의 교육은 철저하게 셰필드시의 문화산업클러스터 정책과 보조를 맞추고 있다.

셰필드시는 지역 특성을 반영하여 문화산업 클러스터 지역을 문화특별구역(CIQ : Cultural Industries Quarter)으로 명명하고, 구역 내 대학과의 유기적 연계 뿐만 아니라 별도 교육기관 신설도 추진하며 인력 양성에 힘쓰고 있다. 특히 신설 교육기관 '워크스테이션'은 뉴 미디어 스쿨 등을 통한 교육뿐만 아니라 창업 보육 센터 기능도 수행하여 교육과 비즈니스가 같이 추 진되도록 하고 있다.

셰필드 CIQ가 보유하고 있는 기능을 전반적으로 살펴보면 우선 문화산업 종사자에 대한 활 동 지원이 돋보인다. 이 구역 안에 작업자들의 스튜디오 75개 업체가 입주해 있으며 작업 영역은 순수예술을 비롯하여 콘텐츠 분야의 비디오 방송프로그램 멀티미디어 등 다양하게 분포되어 있다. 작업은 주로 산, 학, 연 협업체제를 통해 상호 교류 연구 방식으로 이루어진다. 예를 들어 영어 과목에 대한 인터랙티브 교재 개발이 프로젝트로 주어지고 이와 관련한 업체들이 컨소시엄을 형성하는 식이다.

셰필드 CIQ에 대해서는 EU가 Object 2, 1을 통해 지원해왔다. 이는 셰필드 문화산업클러스터에 대한 국제적인 호평을 입증해주는 사례다. CIQ라는 하나의 장소에 몰려 있으면서 상호 커뮤니케이션 등 다양한 활동을 활성화하는 한편, 디자인을 통한 기존 제조업의 변신과 새로운 미디어와의 결합 방식을 모색하고 있다는 점이 높이 평가되고 있다. 특히 지역의 대표 대학인 할람 대학은 기존의 디자인 예술 학부를 문화산업 영역으로 규정하면서 CAM(컴퓨터 지원 제작)과 같은 실용적 영역에 대한 투자를 집중하고 있다. 이러한 노력은 지역 클러스터 활성화를 위한 지역 대학의 기여를 구체적으로 보여주는 것으로, 문화산업 분야에서 할람대학의 적극적 역할이 앞으로도 계속 전망되고 있다.

2) 스웨덴 쉬스타 일렉트룸

스웨덴을 대표하는 지역 클러스터인 쉬스타 일렉트룸은 IT대학과 기업체 연구소로 구성된 15년의 역사를 지니고 있다. 1978년 IBM 스웨덴의 아이디어가 단초를 제공하였으며, 처음에는 비즈니스 기술 과학 등의 부문에서 장점을 갖는 특구 정도였으나 현재는 e-비즈니스, 모바일 비즈니스 등에서 세계적인 수준을 갖춘 것으로 잘 알려져 있다. 쉬스타 사이언스 시티라고도 불리는 이 클러스터 구역에는 4개 지자체가 포함되어 있다.

쉬스타 일렉트룸(Electrum)재단은 에릭슨, ABB, 스톡홀름시 등이 출연한 기관이 출자한 주식회사 형태의 조직으로 쉬스타 클러스터 운용을 주도하고 있다. 대학과 일렉트룸은 공동 협업 수행자로서 관계를 유지하고 있으며, 특히 IT부문에서는 왕립기술대학과 스톡홀름대학이 모두 참여하고 있다.

〈쉬스타 일렉트룸의 운영 체계와 벤처 육성 과정〉

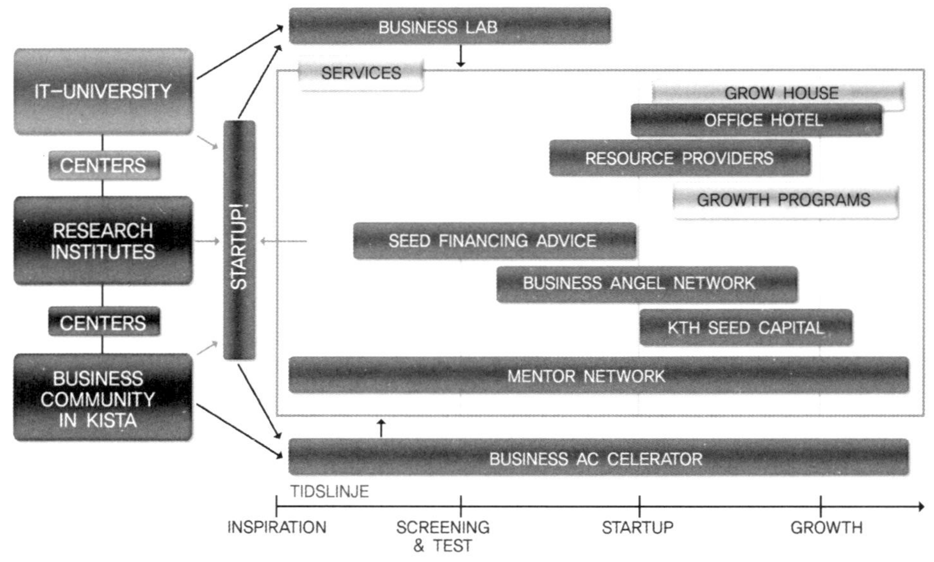

자료 : 쉬스타 사이언스 시티 홈페이지

쉬스타는 '장소에서 공간으로(from the place to space)'라는 개념으로 클러스터를 발전시켜 왔다고 할 수 있다. 단순한 장소로서 집적지가 아니라 연구와 생활, 시장 등의 기능이 복합적으로 살아 있다는 뜻으로 '공간(space)'라는 개념을 강조해왔다. 이러한 진취적인 개념을 실현하기 위해 정부는 인프라 제공에 역점을 두고 있다. 지역 개발을 위해 부동산 업체와 긴밀한 관계를 지자체가 유지하고 있으며 필요하면 외자를 유치하기도 한다.

한편 쉬스타는 스톡홀름의 모바일밸리와 협조하고 경합하며 글로벌 대기업 유치에 적극 나서고 있다. 유럽의 Telecomcity, Vodafone 등 대기업들도 협업, 파트너 차원에서 이 쉬스타 클러스터에 참여하고 있다. 이들 글로벌 기업들은 T.I.M.E.(IT+Media and Entertainment)과 같은 최첨단 트렌드를 주제로 삼아 각종 세미나, 포럼을 갖고 있다. 예를 들어 주로 문화산업과 첨단 미디어 기술 등에 관해 토의하게 되는 'T.I.M.E. week' 시기에는 왕립음악학교(Royal Institute of Music)와 함께 협업하여 세계 영화와 게임 산업의 변화에 관해 집중적으로 논의하기도 한다.

이 쉬스타 사이언스 시티에 자연스럽게 고급 인력이 모이고 전문성을 더욱 고양할 수 있게 된 배경에는 스웨덴의 국가 전략이 놓여 있다. 스웨덴 정부는 스웨덴이 유, 무선 네트워크 기술시장에서 세계 최고의 수준이라는 점을 스웨덴의 강점으로 강조하고 있다. 예를 들어 스웨덴의 모바일 통신 기업 에릭슨이 개발한 블루투스의 경우에도 스웨덴 주도로 '블루투스 SIG(Special Interest Group)'가 조직되어 국제 기업간 협업으로 연구, 개발이 이루어지고 있다. 이 밖에도 스웨덴은 유럽연합과 함께 무선 지급시스템, MMS, 퍼블릭 WLAN 등을 연구하고 있다. 이러한 최첨단 IT기술은 서비스 영역인 게임에서 텔레메틱스나 디지털미디어까지 응용되고 있어 IT와 문화산업이 결합하는 흐름을 잘 보여주고 있다.

3) 핀란드 울루

핀란드를 대표하는 성공적인 울루시 클러스터의 역사는 1950년대로 거슬러 올라간다. 1958년 울루대학 설립, 1973년 노키아 R&D 파트 입주, 1974년 VTT(핀란드 국책연구소인 핀란드기술연구센터) 설치 등을 거쳐 1982년부터 울루시가 자체 클러스터를 '테크노폴리스' 로 명명하기 시작하였다. 이 때부터 본격적인 브랜드화 전략이 실행되었으며 1993년 핀란드 정부의 국가 클러스터 정책 도입 이후 1998년부터 글로벌 대기업과 유망한 벤처 등이 속속 합류하기 시작하였다

〈핀란드 울루의 5개년(2002~2006) 투자 계획(전체)〉

(단위: 백만유로)

구분	2002	2003	2004	2005	2006	합계
Public Funding	27	34	36	40	43	180
Private Funding	17	18	23	25	30	113
합계	44	52	59	65	73	293

울루시는 클러스터의 기본 전략으로 광역(전체) 클러스터 내에 개별 전문 클러스터를 두는 'Cluster in Cluster'방침을 정해두고 있다. 이런 방침에 따라 울루는 IT클러스터, 콘텐츠 & 미디어(문화산업) 클러스터, 웰니스 클러스터, 바이오클러스터, 환경클러스터 등 5개 그룹 클러스터를 조성하여 울루라고 하는 하나의 지역 클러스터안에 소속시킨다는 전략을 추진 중이다.

<울루 콘텐츠 및 미디어 부문 5개년(2002~2006) 투자 계획>

(단위: 백만유로)

구분	2002	2003	2004	2005	2006	합계
Public Funding	3	7	9	12	14	45
Private Funding	1	1	3	4	8	17
합계	4	8	12	16	22	62

울루는 문화산업(콘텐츠 및 미디어) 클러스터 부문에서 특히 모바일 기술, IT 기술과 연계할 수 있는 새로운 개념의 문화콘텐츠 개발, 디자인에 주력한다는 전략을 세워두고 있다. IT에 이어 울루의 2번째 그룹 클러스터인 '콘텐츠 및 미디어 클러스터'는 5개년(2002~2006)간 총 6천2백만유로(약806억원)의 공공, 민간 자금을 투입할 계획을 세워두고 있다.

<울루 문화산업(콘텐츠&미디어)부문 5개년 투자 효과 전망>

구분	2001	2006
업체 수	50	100
총 매출(백만 유로)	85	250
업체 종사자 수	1,100	2,500
연구 개발 종사자수 (공적 섹터만)	200	300

울루 문화산업 클러스터는 또 디지털 시네마, 디지털 TV 프로덕션 등 주로 첨단 문화산업 부문에 특화할 계획을 갖고 있다. 이와 관련하여 이용자가 가상 체험 여행을 통해 현재와 다른

다양한 역사의 시간 속으로 들어갔다 올 수 있는 이른바 'Time Machine' 프로젝트를 콘텐츠 & 미디어(문화산업)의 주요 아이템으로 설정, 울루 대학과 관련 기업들이 중심이된 협업 네트워크를 통해 개발하고 상품화하는 노력을 기울이고 있다

또한 노키아 연구센터와 같은 울루 테크노파크의 연구진, 기업 등은 모바일 포럼(POEM)을 통하여 '콘텐츠 리치 포맷(인터넷 콘텐츠 등의 형태를 좀 더 보기 좋게 만드는 차원의 기술)'의 제시와 같은 기초적인 문화산업 연구 분야에 주력한다는 계획도 갖고 있다. 이러한 노력을 통하여 울루는 5개년간(2002~2006) 관련(문화산업부문) 업체수의 경우 50개에서 100개로 2배로, 문화산업 고용자는 1,300명에서 2,800명으로 각각 늘릴 수 있을 것으로 예상하고 있다.

(2) 툴박스(창의성 훈련 프로그램)

개 요

결국 하나의 창의적인 콘텐츠가 만들어지기까지 필연코 창조적인 전 과정을 거쳐야 한다는 결론이다. 창조 과정은 그 마디마디마다 복잡하기 짝이 없는 고뇌와 충돌, 극복 등의 이음새를 갖게 되겠지만 기본적으로는 창조의 주체가 되는 한 사람이나 조직 단위에서 볼 때 뭔가 입력 (Input)이 되고 가공되며(process) 최종적으로 출력(Output)이 되는 대략적인 3개 공정으로 단

〈콘텐츠 창조의 Input-Process-Output 3가지 과정〉

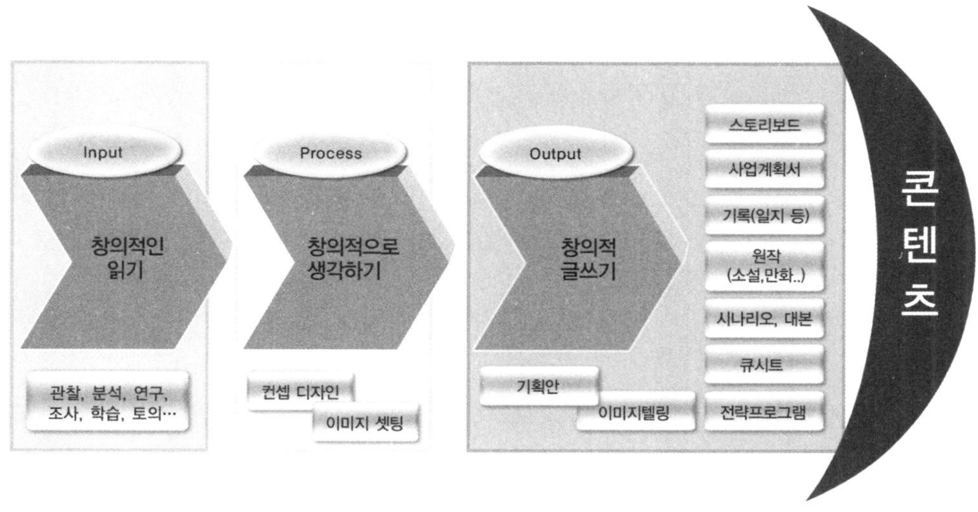

순화할 수 있겠다. 이 원리와도 같은 기본 공정은 창조 과정에서는 각각 창의적인 읽기(creative reading) - 창의적으로 생각하기(creative thinking) - 창의적 글쓰기(creative writing)라는 구체적인 형태로 표현될 수 있다. 다음 그림에서 보는 것처럼, 이들 3가지 창조적 공정은 다양한 성격과 활동을 내포하고 있다.

이를 정리해보면 다음과 같다.

① 창의적인 읽기 : 단순한 책 읽기를 넘어서서 개인이나 조직 단위에서 어떤 대상을 관찰하고 분석, 연구, 조사, 학습, 토의하는 모든 관련 활동을 뜻함

② 창의적으로 생각하기 : 개인 차원에서는 지속적인 관심을 바탕으로 하는 연상, 상상, 추론, 직관, 통찰 등의 활동을 기반으로 하고 조직 단위에서 브레인스토밍, 브레인라이팅 등과 같은 다양한 커뮤니케이션 방법을 통해 구체적인 콘텐츠의 컨셉을 디자인하고 이미지를 셋팅하는 활동 단계

③ 창의적 글쓰기 : 이 영역은 콘텐츠 기획과 개발에 돌입하기 위한 전초 활동으로써 모든 종류의 원작이나 원형, 즉 스토리보드, 기록물, 소설, 만화, 시나리오, 대본, 큐시트(광고 등), 이미지 텔링 등 콘텐츠에 대한 직접적인 디자인은 물론이고 관련한 사업계획서, 기획안, 마케팅이나 사업 관련 전략프로그램의 명문화와 같은 경영 관리 및 비즈니스 지원 활동의 실행을 모두 포괄함

이러한 전 과정을 통해 창의적인 콘텐츠가 산출될 수 있다. 그러면 이들 3가지 콘텐츠 창조과정 또는 콘텐츠 관련 창의성 생성 과정을 구체적인 방법을 중심으로 차례대로 살펴보도록 하자.

❶ 창의적 읽기 (creative reading)

가. 창의적인 콘텐츠 찾고 읽고 소화하기

2004년 봄 학기에 호서대 디지털콘텐츠 비즈니스 학과 학부생을 대상으로 하는 〈콘텐츠와 창의력〉 수업을 실험적으로 진행하면서 창의적인 읽기를 다각적으로 시도해보았다. 학생들은 먼저 직접 창의적인 독서 리스트를 정하고 그 선정 이유를 밝히도록 한 과제를 부여 받았다. 학생들이 제출한 창의적인 도서 목록 중 일부이다.

1) 생각의 즐거움

작가 포가 펼쳐온 문학세계의 근거와 예술론에 관한 산문 5편을 실은 에세이집. 국내에 처음 소개되는 이 책은 세계문학사에 큰 획을 그의 그의 문학세계와 구속받지 않는 상상의 세계, 독창성과 창의력이 깃들인 첨예한 예술세계의 전모를 살필 수 있다.

2) 창의력 증진 길라잡이

고정관념을 버리고 자유로운 생각을 키울

창의적인 도서 리스트

'베르나르 베르나르'

개미,뇌, 나무 등…
그는 과학적 근거라는
뼈대 위에 무궁무진한
인간의 상상력을
경이롭고 환상적인 필치로
펼쳐 나간다.

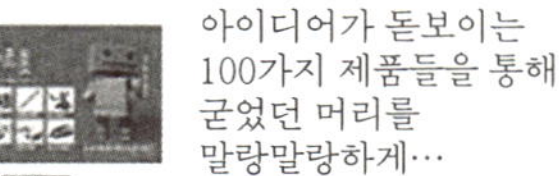

'아이디어 퍼주는 스푼'

아이디어가 돋보이는
100가지 제품들을 통해
굳었던 머리를
말랑말랑하게…

'몬스터'
–우라사와 나오키 글, 그림

생각지 못한 반전.
상상할 수 없는
그만의 깊은 세계로 빠지자!

'공상과학대전'
–리카오 야나키타 글

만화에서 나타난 상상력을
정년에서 해부하는 만화!!

수 있는 다양한 방법이 제시된 책. 창의력 증진을 위한 창의력 개발 지도기법, 실제로 창의력을 증진시킬 수 있도록 해주는 실천적인 프로그램과 학생과 부모가 함께 생각하고 풀어보는 여러 문제들이 수록되어 있다.

3) 나무

'나무'는 과학적 상상력에 바탕을 둔 기발하고 환상적인 18편의 이야기 모음집이다. 번뜩이는 착상과 예기치 않은 결말이 돋보이는 이 이야기들을 통해 독자들은 '관습적인 사고 방식을 탈피하고 세계를 새롭게 바라보게 해주는' 베르베르의 가치를 다시 한번 느낄 수 있을 것이다.

4) 생각이 나를 바꾼다

인터넷과 정보통신의 발달로 수많은 정보가 넘쳐 흐르는 세상. 그러나 편안함과 익숙한 것에 안주하려는 일상은 우리를 점점 더 고정관념의 틀 속에 가둔다. 이런 현실을 타개하기 위해서는 뭔가 새롭고 진취적인 사고와 발상의 전환, 기발한 아이디어 등 창조적인 사고가 필요하다. 이 책은 상상력을 높여주는 52가지 이야기와 퍼즐을 통해 생각을 '잘 하는' 방법과 생각에 관한 많은 경험을 소개한다.

5) 이 영화 함께 볼래?

이 책의 가장 큰 장점은 단순한 영화 소개뿐 아니라 영화를 감상한 뒤 부모님 혹은 선생님이 아이들과 함께 영화 속 인물들을 탐구하고, 영화 안팎의 여러 사회 문제들을 함께 생각하는 장을 마련했다는 점이다. 각 꼭지마다 영화의 기본 정보(감독, 배경, 대상, 출연 및 상영 시간)와 줄거리를 싣고 알고 넘어가면 좋을 몇 가지 상식들과 '함께 나눌 이야기'를 제시해 생각하고 토론하는 시간을 갖게 했다.

어떤 학생은 책 표지 그림과 함께 작가 이름과 책 이름 등을 섞어서 자신이 선정한 창의적인 도서 목록을 짜기도 하였다.

또 다른 학생은 창의적 읽기를 준비하면서 새로운 수업 진행 방식에 흥미를 느끼고 클래스 커뮤니티가 있는 싸이월드 클럽에 자신의 창의적 읽기 탐사 과정을 Q&A 형식으로 독특하게 기록해두기도 하였다.

창의적 읽기 탐사 과정 예시(싸이월드 클럽에 올린 글)

Q:안녕하세요 이름이 무엇입니까?
A:이OO입니다.
Q:우선 콘텐츠와 창의력 수업에 대해 어떻게 생각하시는지요?
A:전에 했던 하나의 주제를 가지고 나온 여러가지 생각들을 전지에 카테고리별로 나누며 했던 과제 같은 부분에서 창의력을 키워줄 수 있어 좋은 과목이라 생각합니다.
Q:심상민 교수님에 대해 말씀해주세요.
A:착하신 것 같고요 자율적으로 수업할 수있게 해주셔서 좋아요.
Q:창의력을 키울수있는 선정도서는 어떤것이 있을까요?
A:퇴마록
Q:선정이유를 말씀해주세요.
A:사람들이 상상할 수 있는 일상적인 일을 다룬 도서가 아니라 귀신이나 사후세계등을 다룬 부분이 독특하다고 생각되었습니다.
Q:이 소설 중 마음에 드는 캐릭터는 누구입니까?
A:전 소설을 읽지않고 영화로 보았는데요 극중 신현준이 냉철하고 판단력이 곧은 차가운 성격으로 나와 퇴마사라는 일에서는 적합하다고 생각되었지만 일상생활에는 많은 어려움을 겪은 것 같아 보였습니다.
Q:인상에 남는 내용이 있다면 얘기해주세요.
A:몸이 아픈 사람이 있었는데 병원에서도 원인 모를 병이라고 말하였습니다. 육체적인 병이 아닌 정신적인 병이였는데 신현준이 그 사람에게 붙은 귀신을 보고 퇴치하는 부분이 인상적이었습니다.
Q:어째서 그부분이 인상적이었나요?

A:일상생활에서는 볼 수 없는 부분이라 기억에 남았던 것 같습니다.
Q:퇴마록이란 책으로 어떤 일을 할 수 있을까요?
A:질문이 너무 어려운 것 같아요^^;;
Q:창의력 수업에서 할 수 있는 창의적인 과제로는 어떤 것들이 있을까요?
A:조를 만들어서 주제를 정하여 시나리오를 만들고 그 시나리오로 연극을 해보는 것도 창의력 발전에 도움이 될 것 같습니다.
Q:본인은 어떤 주제를 가지고 시나리오를 짜고 싶나요?
A:예를 들면 영화 편지나 약속같이 슬픈 사랑 이야기가 좋을 것 같습니다.
Q:이 극에서 맞고 싶은 역은 어느것이죠?
A:비중이 없는 엑스트라요.
Q:왜 엑스트라역을 맡고싶죠?
A:제가 연기력이 안되서요^^;;
Q:극중 주인공의 성격은 어떻게 되나요?
A:여자주인공은 조용하고 가녀린 여성상이고요
남자 주인공은 테리우스와 같이 왕자풍의 주인공이 좋을 것 같습니다. 예를 들면 가을동화의 송승헌같은 스타일이요.
Q:극의 내용은 어떻게 되나요?
A:이루어질 수 없는 사랑이야기가 되겠죠?
여자가 불치병이거나.. 남자가 불치병인것보다는 나을 것 같아요.
Q:마지막으로 인터뷰를 끝마치며 하고 싶은 이야기가 있으신지요.
A:창의력에 대해 말하는게 어렵다고 느꼈고요 우리 주의에 창의적인 게 많은데 못느끼며 살았던 것 같아요. 이번 인터뷰를 통해서 창의력인 사고에 대해서 많이 생각해본 계기가 된 것 같습니다.

이처럼 참여와 자율을 존중하고 권장하면서 창의적인 읽기로부터 실험적으로 마련한 〈콘텐츠와 창의력〉 수업을 진행해 보았다. 한 학기 동안 씨름해본 결과 창의적으로 읽기는 곧바로 자연스럽게 생각하고 분석하기로 연결이 됨을 확인하였다. 관련하여 이러한 창의성 생성과정은 콘텐츠 비즈니스뿐만 아니라 일반적인 지식 기반 비즈니스 활동에도 광범위하게 적용될 수 있음을 느낄 수 있었다. 2004년 봄, 같은 학기에 개설한 또 다른 창의성 관련 실험 과목이었던

'벤처와 창의력 수업'에서 이러한 실마리를 얻게 되었다.

이 수업을 통해서는 창의적인 비즈니스를 실현한 사업가들 사례를 분석해봄으로써 어떠한 창의적인 요소가 내재해있었는가에 대한 분석해내기(creative reading)와 생각하기(creative thinking)를 해보도록 유도하였다. 물론 이 과업의 결과물은 발표문, 보고서 형태였으므로 결국 글쓰기(creative writing)로 귀착되었다. 결국 이런 연관 관계가 창의적인 읽기(creative reading) – 창의적으로 생각하기(creative thinking) – 창의적 글쓰기(creative writing)로 이어지고 순환하는 창의성 생성 프로세스 자체를 의미하고 있다.

나. V.R.I.N.U. 틀로 분석하기

창의적인 읽기의 개념 안에 대상을 관찰, 분석하고 조사, 연구하는 역량을 포함시켜 보았다. 이를 위해 V.R.I.N.U.라고 하는 개념을 경영 이론에서 추출하여 새롭게 만들어 적용해 보았다. V.R.I.N.U는,

- V : Value (가치 있는)
- I : Inimitable(모방하기 힘든)
- U : Unique(독특한)
- R : Rare(희소한)
- N : New(새로운)

등 5가지 개념의 영어 이니셜을 딴 표현이다. 이 5가지 개념, 즉 "가치 있고 희소하며 남이 모방하고 따라오기 힘들어야 하며, 새롭고 독특한 것"을 창의적인 사람, 콘텐츠, 비즈니스로 보고자 한 취지에서 만든 분석과 평가의 틀이 곧 V.R.I.N.U. 였다.

이 틀을 활용하여 2004년 봄 학기에 개설한 〈벤처와 창의력〉 시간을 통해 "과연 창의적인 사업가란 어떤 사람인가? 그들이 펼쳐온 비즈니스가 창의적인지를 어떻게 측정할 수 있는가?"와 같은 근본적인 물음에 응답해보았다. 결국 이러한 시도는 관심 있는 대상에 포함되어 있는 창의성 요소를 읽어내는 안목을 기르게 하는 창의적인 읽기의 일환이었다고 할 수 있다. 창의성을 기준으로 옥석을 가려봄으로써 창의적으로 생각하는 암묵 지식, 즉 노하우를 얻을 수 있고 나중에는 자신의 창의성을 표현하고 무언가를 형상화하기에 도달할 수 있다는 전제에서 출발한 접근이었다. 아래 그림은 수업 중에 한 팀이 CEO 안철수와 CEO 이찬진의 창의성을 앞서 설명한 V.R.I.N.U.라는 틀을 사용하여 나름대로 비교 분석하고 평가를 내려 본 내용이다.

이와 같은 방식으로 '벤처와 창의력' 수업에 참여한 학생들은 팀을 짜서 같은 영역에서 라이벌 관계에 있거나 함께 두각을 드러낸 경영자 등을 대상으로 창의성 읽기를 감행하고 V.R.I.N.U. 평가라는 결과물을 제출, 발표하는 방식으로 창의성 오딧세이를 따라 나섰다. 당시 이 '벤처와 창의력' 수업의 강

〈CEO 안철수와 CEO 이찬진의 창의성 비교〉

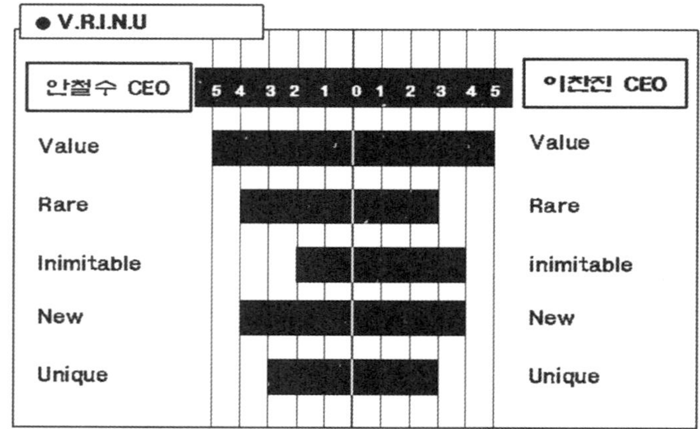

의 목적은 "벤처 비즈니스의 주요한 핵심 자원으로 볼 수 있는 창작력, 창의적 아이디어, 기획력 및 상상력에 대한 체계적인 탐구와 아울러 할 브레인스토밍, 브레인 라이팅 등 경영지식을 습득"으로 설명해주었으며 팀별 프로젝트로 창의적인 비즈니스와 인물을 조사, 연구, 분석하도록 하였다.

다음 도표는 한 학기 동안 수업에서 다룬 창의적인 경영자 리스트이다.

〈창의적인 경영자 리스트(벤처와 창의력 수업)〉

구분	주 단위	수 업 내 용	비 고
1	2월 23/26일	강의 소개	
2	3월 4일	벤처비즈니스와 창의력의 관계	
3	3월 8/11일	사례연구(케이스 스터디) 방법론 / 동영상 시청	
4	3월 15/18일	빌 게이츠와 스티브 잡스	팀 프로젝트 개시
5	3월 22/25일	이찬진과 안철수	
6	3월 29/ 4월 1일	월트 디즈니스와 스티븐 스필버그	
7	4월 8일	이병철, 정주영, 신격호	
8	4월 12/15일	휴렛 패커드와 스티브 케이스	
9		중간고사	개인 보고서 제출
10	4월 26/29일	이재웅과 김택진	관련 자료 별도 제공
11	5월 3/6일	변대규와 이민화	
12	5월 10/13일	소니와 닌텐도, 스타벅스, 이베이, 아마존	
13	5월 17/20일	아르마니, 샤넬, 루이비똥	
14	5월 24/27일	서태지, 송승환	
15	5월31일/6월 3일	팀 프로젝트 발표회 및 평가	
16	6월 7/10일	팀 프로젝트 발표회 및 평가	
17		기말고사	시험 / 팀 보고서 제출

이들 리스트중에서 수업 중에 흥미를 끌어 발표 팀 뿐만 아니라 전체 팀이 각자 창의성 분석, 평가에 참석해본 경우가 있었는데, 바로 한국 기업사의 큰 이름들인 이병철 회장, 정주영 회장, 신격호 회장 케이스였다. 팀별 창의성 평가 결과를 들여다보도록 하겠다.

다음 표는 A팀의 V.R.I.N.U 비교인데, 이 팀은 정주영 회장과 이병철 회장 둘 다 R.I.(희귀성과 모방안하는 측면)의 지수가 낮은 편이라는 점을 특징적으로 묘사하고 있다. 이 같은 팀의 발견은 곧바로 " R.I 가 낮은데도 불구하고 성공한 이유는?" 이라는 토의 주제로 이어졌다. 토의 결과 A 팀은 이들 창업가들은 한 가지 분야의 사업이 아닌 여러 분야의 사업에 도전하였으며 또한 열악한 상황에서도 자신의 능력을 개발하고 키워서 사업을 이끌어 나갔기 때문이었다고 나름대로 결론

	정주영(현대)	이병철(삼성)	신격호(롯데)
VALUE (가치)	〈5〉미래를 내다보는 남다른 해안	〈4〉다방면에 사업을 펼침 (뒷받침안에서 했으므로 −1점~)	〈3〉마케팅에서 많은 사업적 능력을 발휘
RARE (희귀성)	〈2〉〈3〉이병철과 정주영은 둘다 R는 낮다. 이병철도 쉽게 정주영을 모방할수 없다. 정주영 차도 일본차를 모방한 것이다. 그러므로 R는 둘 다 별로 좋다 할 수 없다.		〈1〉딴나라에 껌이 이미 나와 있었다는 예를 들 수있다.
Inimitable (모방안하는)			〈1〉(기업이름도 소설 주인공 이름)껌은 모방 제품이다.
New (새로운)	〈4〉고속도로를 만든일도 남들이 안된다 했지만, 남들과 다른 미래를 내다보는 안목으로 밀고 나감	〈4〉남들보다 남들이 진출 안한 다방면에 까지 진출 하는 점이 있음	〈2〉필요로 하는 것을 생산했다.
Unique (독특한)	〈3〉맨손으로 시작하여 지금껏 유지하고 있는 점	〈3〉미리 집안의 배경으로 인해 쉽게 사업을 할 수 있었다.	〈4〉마케팅이 딴 기업 보다 독특하다

주 : 괄호 안의 숫자는 5점 척도(5점이 최고 점수)를 기준으로 삼아 평점을 매긴 것임

을 내리기도 하였다.

아래 내용은 또 다른 B 팀이 역시 같은 대상인 3명의 창업가를 V.R.I.N.U 의 틀로 비교, 분석, 평가해본 내용이다. 이 역시 발표 팀의 사례 분석 내용을 자세히 듣고 다른 팀에서 별도로 집단 토의를 통해 내린 결론이다.

	정주영	이병철	신격호
V(가치)	5(대북사업, 개발 발전에 힘씀)	4.5(경제적 활성화에 기여)	3(일반적인 식품사업에 기여)
R(희귀)	3(개발사업의 한계성)	3.5(경제성장의 한계성)	2.5
I(모방)	3(개발산업의 건설 소명)	3(전세계의 경제성향으로 사업을 함)	4(기존에 있던 식품사업을 크게 만듦)
N(새로움)	4.5(건설의 목적으로 새로운 것을 건설함)	4(무역상업의 시작)	3
U(독특)	4(흔한 사업이 아닌 거대한 건설개통이라는 사업)	4(무역상업의 시작)	4.5(어려운 시기에 비누공장에서 껌을 제조함, 경제적으로 사업구상에 소질을 보임)

주 : 괄호 안의 숫자는 5점 척도(5점이 최고 점수)를 기준으로 삼아 평점을 매긴 것임

❷ 창의적으로 생각하기(creative thinking)

가. 창의성 키우기 기법

창의성 분야 컨설턴트이자 크레이트잇(Create-It!)사 창업자인 조던 아얀은 창의성을 일상을 색다르게 보는 기술이라고 먼저 전제하고 있다. 그는 창의적인 영혼의 4가지 씨앗으로서 탐구하는 힘을 뜻하는 호기심과 새로운 것에 대한 호의를 말하는 개방성, 안전지대를 떠날 수 있는 용기를 의미하는 위험 감수, 일을 추진하는 열정을 가리키는 에너지를 꼽고 있다. 이 창

의성의 씨앗을 키우는 전략이 곧 창의성 키우기의 프로그램이 된다는 견해이다.

조던 아얀이 내세운 창의성 키우기의 8가지 전략을 소개하면 다음과 같다.

1) 사람들 사이에 아이디어가 있다
2) 환경이 창의성을 만든다
3) 여행을 통해 일상에서 벗어나라
4) 언제 어디서든 놀자
5) 창의성을 두 배 키우는 독서법
6) 예술이 머리를 풍요롭게 한다
7) 생각의 테크닉을 배워라
8) 이성 너머의 정신을 활용하라

이 가운데 '창의적으로 생각하기'와 직접 관련을 맺고 있는 일곱 번째, 〈생각의 테크닉을 배워라〉는 매우 명료하고 구체적인 방법을 알려주고 있다. 먼저 짧은 시간에 새로운 아이디어가 나올 수 있도록 도와주는 고도로 집중된 사고 전략인 파워 씽킹(Power Thinking)이 등장한다. 이를 위해 일반적으로 알려진 브레인스토밍(brainstorming)이나 브레인라이팅(brain writing)과 같은 사고법을 활용하는 것도 좋은 방법이다. 브레인라이팅의 경우 9개나 12개 칸이 나와 있는 워크시트를 갖고 팀 멤버들이 각자 개인적인 아이디어를 글이나 도형으로 표현하면서 토의하는 기법이기 때문에 창의적 생각하기뿐만 아니라 창의적 글쓰기에도 효험이 있는 방식이라고 할 수 있다. 특히 이 방식은 작은 칸 안에 자신의 머릿속에 맴도는 아이디어를 간결하게 단어, 문장, 기호, 그림 등으로 표현하여 순서대로 돌려서 보는 진행으로 이루어지기 때문에 말과 글, 그림, 시각, 청각 등 다양한 큐가 총 동원되어 집중력을 높일 수 있다. 때문에 이 브레인라이팅은 시간적 여유를 가지고 토의할 수 있는 기업체 연수, 수련회, 워크샵 등의 현장에서 곧잘 활용되기도 한다.

브레인라이팅 사례 : '슬럼화되어가는 경주를 살리려면'이라는 주제로 콘텐츠 수업 시간에 학생들이 브레인라이팅 방법을 통해 창의적으로 생각하기를 익혀보았다.

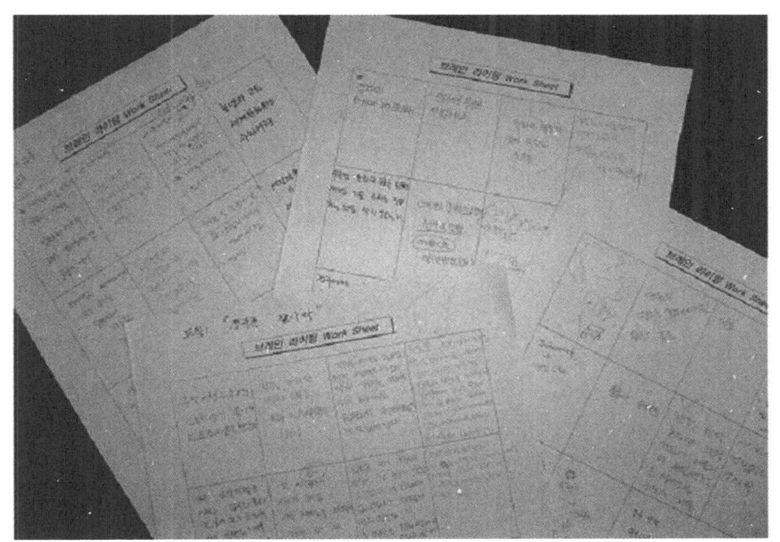

〈학생들의 브레인라이팅〉

이 밖에도, 변형적 사고법, 강제연설법, 가상사고법, 목표 지향적 사고법, 마인드맵핑, 파워일기, 역할 연기 등의 기법이 있다.

1) 변형적 사고법

한 마디로 정신적인 에어로빅이다. 우리가 완전한 아이디어를 만들어내기까지 한 아이디어를 의식적으로 비틀고 꼬아보는 방법이다.

2) 강제연설법

집단적 의사소통의 전형적 방법인 브레인스토밍의 한계를 넘어설 수 있는 방식이다. 예를 들어 아이디어 가방을 준비하고 이 안에 든 장난감 원숭이를 택한 기업의 토의 집단이 원숭이를 매개로 하여 현재 토의하고 있는 주제나 문제점을 연상시키고 다시 이를 통해 다양한 해결 방법을 모색해볼 수 있다. "우리는 문제 해결에 집중하지 않고 원숭이와 같이 사소한 일에 너무 많이 매달렸던 것 같아"와 같은 식으로 강제적으로 주어진 물건, 조건과 현 상황을 연결시켜 창의적인 생각을 끄집어내도록 하는 방법이다.

여기에는 여러 변형된 방식이 존재하지만 모두 단어, 물체, 느낌, 아이디어 등 서로 다른 성질의 것을 연결하는 뇌의 능력에 기반을 둔다는 점에서는 같다. 이 방식을 강요된 연결이라고 부르는 것은 우리가 겪고 있는 문제를 외부의 무작위적인 촉매제와 억지로 연결시키도록 강요하기 때문이다. 이 촉매제들은 우리의 시각을 넓혀준다. 이 강제 연결에는 여러 가지 변형된 방법이 있으며, 아이디어의 수준을 깊게 해준다.

3) 가상사고법

문제를 바라보는 우리의 좁은 시야를 넓혀주는 재미있고 효과적인 방법이다. 힐러리 클린턴 또한 이런 방법으로 엘레나 루즈벨트와 가상의 대화를 나누곤 했다고 한다. 이 가상사고법(As-If방법)은 우리가 여러 스타일로 생각할 수 있도록 도와주기 때문에 매우 유익한 방법이 되기도 한다. 정말 재미있으며 집단을 활기차게 만들고 창의적인 동기를 가져다준다.

4) 목표지향적인 사고법

문제가 아닌 목표를 지향하는 사고방식으로, 자연스러운 사고과정은 아니며, 목표 지향적인 사고의 본질은 상황을 다른 시각으로 바라보는 것이다. 목표 지향적인 사고 전략을 사용할 때는 우리가 도달해야 할 목표라는 생각을 가져야 한다. 목표 지향적인 사고법을 사용하면 무엇이 안 되는지 보다 무엇을 원하는지에 집중함으로 비생산적이고 좌절스러운 상태에서 벗어나 새로운 아이디어에 마음을 열어두게 된다.

5) 마인드 맵핑

메마른 창의성을 타개하도록 도와주는 시각적인 글쓰기 과정이다. 우리의 시각적인 지능에 호소하며 창의적인 오른쪽 뇌를 자극하는 2가지 면에서 우리의 창의적인 힘을 유도할 수 있다.

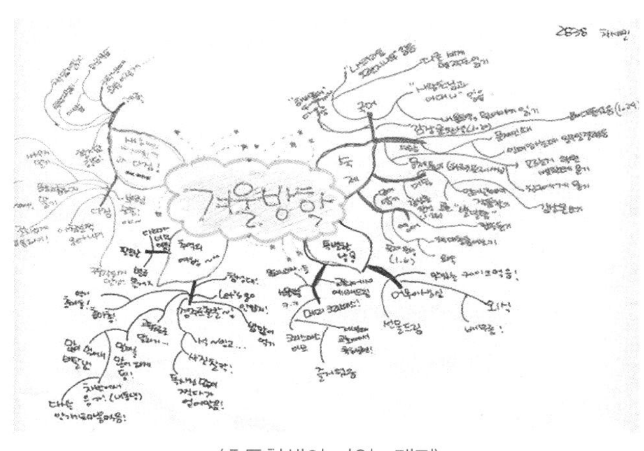

〈초등학생의 마인드맵핑〉

6) 파워일기

거대한 양의 정보를 분류해야 할 때나 어떤 아이디어의 발전 단계를 적어봄으로써 혜택을 입을 수 있겠다고 생각될 때 등 여러 상황에서 유용하게 쓰일 수 있다. 종류로는 대화일기, 집중일기, 나열일기, 꿈 일기, 편지 일기, 전자 일기 등이 있다.

7) 역할연기

스스로를 어떤 인물이나 물건이라고 생각하는 창의적인 정신적 운동이다. 역할 연기의 가치는 우리만의 사고방식과 안전지대에서 벗어날 수 있도록 해준다는 데 있다. 같은 부서 사람들이나 오래된 친구 등 편한 사람들끼리 있을 때 그리고 같이 있는 사람의 숫자가 적을 때 매우 효과적인 아이디어를 창출해낸다. 또한 팀워크와 협력을 조장할 뿐 아니라 사람들이 즐길 수 있도록 격려해준다.

나. 창의성 사고의 특성

창의적으로 생각한다는 것은 논리적으로 명료하게 생각한다는 것과 사뭇 다르다. 창의적 사로를 사람의 감성을 지배하는 우뇌가 중심이 되는 사고라고 한다면 논리적 사고는 이성을 중심으로 하는 좌뇌가 중심이 되는 사고라고 본다면 구별이 좀 더 명확해질 수 있겠다. 때문에 창의적 사고의 특징을 논리적 사고와 견주어 하나 하나씩 살펴보는 것 또한 창의적으로 생각하기를 제대로 이해하는 한 방법일 수가 있다고 본다.

1) 폴 토렌스의 창의적 사고력

폴 토렌스 교수는 언어와 그림을 이용, 창의적 사고능력을 측정할 수 있는 창의성 검사

〈창의적 사고와 논리적 사고〉

창 의 적 사 고	논 리 적 사 고
많은 가능성 있는 대답을 산출한다.	하나의 정확한 해결을 산출한다.
따라야할 어떠한 규칙도 없다.	명확한 규칙을 따른다.
융통성이 있고, 상황이나 문제에 따라서 변화시키거나 버릴 수 있다.	엄격하고 경직되고, 규칙은 변할 수 없다.
주변 가까이에 있는 사실이나 문제와 연결된 정보를 추구한다.	문제와 명확한 관련을 갖는 사실에 입각한 정보를 추구한다.
많은 다른 방향으로 뻗어나간다.	결론에 이르는 한 가지 추론을 따른다.
독창적이고 독특하고 다양한 것을 다룬다.	주어진 분야에 존재하는 지식을 다룬다.
직관적이거나 추측적일 수 있다.	사실적이거나 추론적이다.
특별한 핵심이나 초점을 필요로 하지 않는다.	초점이 되는 핵심을 향하는 생각을 가져야 한다.
주어진 문제에 대하여 무엇이 옳은지 혹은 적절한지를 찾는다.	분석적이고 비판적이다
사실 같지 않은 것이나 심지어는 공상도 다룰 수 있다.	가능하거나 있을 성 싶은 것을 다룬다.
현실을 창조할 수 있다.	객관적인 사실을 다룬다.
추측이나 우연적 사실을 포함하 수 있다.	논리에는 다른 여지가 있을 수 없다.
지속적인 창의적인 사고는 기분을 북돋우고 활기차게 한다.	지속적인 논리적 사고는 정신을 지치게 하고 소모시킨다.
모든 정신적 힘과 에너지가 산출과 문제해결의 추구에 충당 된다	어느 정도의 정신적인 힘과 에너지는 규칙을 따르고, 오류에 빠지지 않도록 경계하거나 부적절한(관련성이 없는) 생각을 가리는데 소모된다.

(TTCT)를 고안해냈다. 언어 검사는 주어진 그림을 보고 궁금한 점, 이 상황이 일어난 이유, 다음에 이어질 상황 등을 가능한 한 많이 적도록 한다. 그림 검사는 주어진 간단한 도형을 넣어 그림으로 그리고 제목을 다는 것이다. 언뜻 보기에 매우 주관적인 평가 같지만 토렌스 센터에서 연수를 받은 평가자들의 채점 결과는 90% 일치한다. 보편적인 답변(예컨대 원을 이용해 공을 그리는 것)은 감점대상이며, 세부묘사는 자세할수록 가점된다. 또 같은 범주의 언어를 이용한 답은 아무리 많아도 점수에서 빠진다. 이러한 평가 기준이 일일이 정해져 있다. 창의적인 사람은 막힌 그림보다는 열린 그림을 그리고, 도형의 외부가 아닌 내부에 그림을 그린다. 또 별개의 문제를 연결해 그린 그림은 창의성이 발현된 것이다. 또 창의적인 아이는 제목에 감정적 표현을 담거나 행동·줄거리를 표현한다.

이러한 토렌스의 창의성 테스트는 서로 다른 문화적 배경을 가진 다양한 국가에서 시험됐는데 창의성의 표현방식은 다소 차이가 있으나 평균 점수는 균일하다는 결론을 얻었다.

토렌스의 창의성 검사(Torrance Tests of Creative Thinking, TTCT)에는 '언어'검사 (Thinking Creatively with Words, TTCT: Verbal)와 '도형'검사(Thinking Creatively with Pictures, TTCT: Figural)의 두 가지 종류가 있고 이들 각각에는 다시 A형과 B형이 있다. 이 밖에 유자격자가 연구용으로 제한적으로 사용할 수 있는 것으로 토렌스와 카르텐, 커닝톤 (Torrance, Khaten & Cunnington, 1973)이 함께 개발한 '소리와 단어의 창의력 검사' (Thinking Creatively with Sounds and Words)가 있고 또한 유아와 초등학생용으로 만든 '행동과 동작의 창의력 검사'(Thinking Creatively in Action and Movement)가 있다.

TTCT 창의력 검사에서 '창의성'(Creative thinking abilities)이란 창의적인 성취를 수행할 때 작용한다고 생각되는 '일반화된 정신 능력들의 집합'(the constellation of generalized mental abilities)이라 정의한다. 많은 교육학자와 심리학자들은 이러한 능력을 발산적 사고, 생산적 사고, 발명적 사고, 또는 상상력이라 부르고 있다. 물론 일부의 학자들 가운데는 매우 드문 어떤 능력을 창의력이라 지칭하는 사람도 있고 지적능력, 성격 및 문제해결 특성들의 집합이 창의력의 핵심은 아니라고 보는 사람도 있다. 어떻든 토렌스는 TTCT와 같은 검사에서 높은 점수를 받는 사람은 창의적으로 행동할 가능성이 높다고 주장한다. 그렇다고 이러한 능력을 가졌다고 하여 그 개인이 반드시 창의적으로 행동 하리라고 보증되는 것은 물론 아니다. 그러나 고등학교때 받은 TTCT 점수와 성인이 되어 창의적 성취를 이룩하는 것 사이에는 .51의 상관이 있는 등 그의 주장을 뒷받침하는 연구들은 많이 있다.

2) 밥 파이크의 창의적 교수법

리더십과 동기부여, 의사결정, 문제해결, 개인과 조직의 효과성 등과 창의성을 연결하여 활발한 저술, 강의 활동을 펴고 있는 밥 파이크가 제시하는 창의적 교수법의 핵심 또한 창의적으로 생각하기에 있다. 창의적 교수법은 '강사 지도 아래 참가자 중심으로(Instructor-led, Participants-centered)'라는 기치를 내세우는 참여자 중심의 교육 개념을 말한다. 밥 파이크가 펴낸 『밥 파이크의 창의적 교수법』은 컴퓨터 교육과 e-Learning을 포함한 최신 교수법까지 담고 있기도 하다.

기본적으로 창의적 교수법이란 어떤 묘책이나 기법들을 종합해서 모아 놓은 것이 아니고 오

히려 학습능력, 기억능력, 실용능력을 증진시키는 방법을 통해 사람들이 효과적으로 학습할 수 있도록 돕는 시스템이다. 실제 업무에서 중요하게 여겨지는 '성과 얻기'에 중점을 둔 교육 프로그램으로 이 시스템은 유동적이어서 기본적인 원칙을 고수하면서도 최신의 연구 결과들을 새로운 아이디어들을 지속적으로 접목시킨다. 그리고 일반 교수법과 달리 강사의 개입보다는 참가자의 참여를 유도하는 데 중점을 두고 있다. 창의적 교수법에서 말하는 기본 원칙에는 다음과 같은 것들이 있다.

제1원칙 : 어른은 몸집이 큰 어린아이와 같다
　　　　기존 경험에 의존하지 않고, 어린아이들이 놀이를 통해 시행착오를 겪듯이 직접 체험할 수 있는 기회를 가져야 한다.

제2원칙 : 사람들은 자신의 정보와 의견에 대해서는 논쟁하지 않는다
　　　　강사가 모든 것을 다 알려주는 것보다 참가자들이 소그룹 토의를 통해 발견하지 못한 20%만을 가르쳐 줄 때 사람들은 그 사실을 더 효과적으로 받아들이게 된다.

제3원칙 : 학습은 재미와 직접적으로 비례한다
　　　　재미, 유머, 오락을 통해 참가자들이 즐거움을 느낄 수 있다면 학습 과정을 향상시키고 참가자들에게 더 많은 이익을 가져다 줄 수 있다.

제4원칙 : 행동이 변하지 않는 한 학습은 힘들다
　　　　무엇을 알고 있느냐가 아니라 어떻게 하면 실행할 수 있는지에 대한 기술을 습득하는 것이 교육의 목적이다.

제5원칙 : 부유모유불자유(父有母有不子有)

번역하자면, '엄마나 아빠가 안다 해서 아이도 알고 있는 것은 아니라' 라는 의미이다. 참가자가 제대로 교육을 이수하기 위해선 강사가 먼저 그 내용을 정확히 파악하고 있어야 한다.

아울러 성공하는 강사들의 14가지 창의적 교수법과 같은 미세한 기법도 소개하고 있다.

① 프레젠테이션 준비하기 : 시작하기 전부터 좋은 반응과 결과를 얻는 방법
② 참가자들에게 동기를 부여하라 : 교육이 끝난 후에도 참가자들이 지속적으로 학습하도록 유도하기
③ 시각 교재를 사용하라 : 교육 중 관심을 집중시키는 방법
④ 그룹 참여를 유도하라 : 참가자들의 적극적 참여를 통해 학습 성과를 촉진시키기
⑤ 창의적인 교재를 만들어라 : 서로 배우고 인생 경험을 나누게 하는 과제, 사례 연구, 역할 연기
⑥ 효과적인 교재를 만들어라 : 알아야 할 정보, 알면 좋은 정보, 참고자료를 쉽게 구분해 놓은 교재 만들기
⑦ 효과적인 프레젠테이션 기법을 사용하라 : 성공적인 프레젠테이션을 준비하고 실시하는 방법
⑧ 교육 프로그램을 참가자들의 수요에 맞게 수정하라 : 당신이 원하는 바를 조직의 내부와 외부에서 채우는 방법
⑨ 호기심을 자극할 수 있는 도구를 사용하라 : 진단 도구를 통한 학습 방법
⑩ 기존 교육 프로그램을 변형하라 : 강의 중심의 교육에서 참가자 중심의 교육으로 변형시키는 방법
⑪ 기술 교육을 위한 참가자 중심의 교수법 : 지루하고 재미없는 기술 교육을 흥미롭고 역동적으로 만들기
⑫ 컴퓨터 교육을 위한 참가자 중심의 교수법 : 지루하고 재미없는 컴퓨터 교육을 흥미롭고 역동적으로 만들기
⑬ e-Learning의 통성과 방법 : 허구와 진실을 구분하고 최신 기술을 이용하기
⑭ 참가자 관리 기법 : 참가주 중심의 교수법으로 참가자들의 학습을 관리하기

〈콘텐츠 시놉시스(Synopsis) 샘플〉

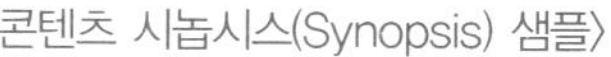

구분	내용
제목	변해버린 사과
주제	변하지 않는 친구가 있어주길 바라는 마음
기획의도	사람들은 변하기 마련이다. 하지만 사람들은 변하지 않는 친구를 사귀고 싶어한다. 사과를 통해 표현하여 변하지 않는 친구를 간절히 바라는 모습을 그리고자 한다.
줄거리	한 아이가 사과를 관심있게 쳐다본다. 사과를 좋아하게 된 아이는 사과를 닦아주고 항상 제자리에 두고 바라본다. 어느날 사과를 씻겨주고 싶어서 사과의 껍질을 깎아주는데… 하루 이틀 시간이 흐르고 변색된 사과에 슬퍼하고 몇 개의 사과가 그렇게 변색되어 가는 모습을 보다가 어느 순간 그 아이는 이 세상에 변하지 않는 것은 없다는 것을 느끼기게 되지만… 오늘도 아이의 손에는 새로운 사과가 쥐어져 있다
등장인물	주인공 : 사과를 굉장히 좋아하는 13살 남자 아이
형식	플래시 애니메이션
기타 (마케팅 전략 및 목표, 커뮤니케이션 전략 및 목표 등)	

Ⅰ. 전통기업의 경쟁력 회복을 위하여

Ⅵ. 디지털 스위치의 단계별 추진(change model)

경영시스템	점화(launch)	가속(boost)	순항(cruise)
경영자원 (resource)	■ 디지털 자원 확보 기존자원 leverage 극대화	■ 디지털 자원의 차별화/육성 아날로그 자원의 선별/도태	■ 경영자원의 디지털화
조직 (organization)	■ 네트워크 조직기반 조성	■ 조직연결성 강화	■ 개방성 네트워크의 조직 구축
프로세스 (process)	■ 프로세스 개선	■ 프로세스 혁신	■ 프로세스 통합
문화 (culture)	■ 신구문화 갈등관리	■ 디지털 문화 확산 유도	■디지털 문화 정착

주 : 전통기업의 디지털 스위치 전략, 삼성경제연구소, 2000

❸ 창의적으로 글쓰기(creative writing)

가. 시놉시스 훈련

2004년 봄 학기에 디지털콘텐츠비즈니스 학과 학부생을 대상으로 하는 〈콘텐츠와 창의력 〉 수업의 학기말 피니시 라인에서 참여 학생들로 하여금 작가 연습을 종용해보았다. 아마추어이긴 하지만 스스로 작가가 되어 게임이나 애니메이션, 드라마 등의 기본 개요를 구상하여 담는 1쪽 짜리 콘텐츠 시놉시스(Synopsis)를 작성해 제출하는 것을 기말 과제로 제시하였다.

이 시놉시스 만들기가 곧 창의적인 읽기(creative reading)와 창의적으로 생각하기(creative thinking)에 연이은 최종 완결편으로서 창의적 글쓰기(creative writing) 영역에서 시도해본 훈련과정이었다. 참여 학생들은 광고회사에서 자주 사용하는 1장짜리 큐 시트라든지 삼성경제연구소와 같이 날마다 격전을 치르고 있는 글로벌 기업의 씽크탱크로서 순발력이 요구되는 조직에서 애용하는 '전체요약(Executive Summary)'이 들어가는 실무 보고서 등을 보면서 간결하게 표현해야하는 시놉시스에 관한 오리엔테이션을 수업시간에 받았다.

이처럼 시놉시스 만들기 훈련 과정을 거치면서 학생들은 콘텐츠 제작의 단초가 되는 원작 만들기 시늉이나마 해보는 체험을 할 수 있었다. 학생 가운데는 평소 창작에 커다란 관심을 두고 습작을 해오던 국문학 전공자도 있어 본격적인 상업적 목적을 띠는 콘텐츠 제작을 위한 시놉시스 과제에 대해 좀 더 색다른 방법으로 응하는 경우도 있었다. 다음 내용은 CD 소설이라는 테마로 콘텐츠 자체에 대한 설명은 물론 관련 사업 계획도 일부 구상해보고 있는 학생의 메모이다.

제목 : "제가 정말고 하고 싶었던 콘텐츠였어요 ^ ^"

1. 트랜드=>에듀테인먼트 (인터렉티브, 엔 사이클로 미디어)

2. 사업 콘텐츠=>소설을 이용한 CD제작 (CD소설)

3. 콘텐츠의 구성 및 세부 내용=>문자로만 전해지는 소설책을 보다 쉽고 현대인의 기호에 맞게 각색하여 호기심, 세부성, 창의력적인 상상력, 눈과 귀로 즐길 수 있는 소설 CD를 제작하려고 한다. 예로들면 내가 쓴 소설의 여주인공을 '한설'이라고 가정해 보자.
소설의 첫 부분이 시작되는 문구를 만일 〈한설은 오늘 쇼윈도에 비친 자신의 모습을 보고 자신이 많이 변했다는 것을 느꼈다〉라는 문구가 처음 부분이라고 해보자.
독자는 쇼윈도에 비춘 그녀의 모습을 상상할 수 는 있지만 그 내부 안까지 들여다보진 못한다. 그리고 그 궁금증을 풀어내듯. 그 문구 부분을 클릭하면 그녀가 쇼윈도에 어떻게 비춰지고 있는지를 그림으로 보여준다. 그리고 그녀의 직업이 만일 패션 분야에 일한다면, 패션에 관심있는 독자들은 그녀의 스타일에 관심을 갖게 될 것이다.
그렇다면 CD소설 장점인 클릭을 하게 되면 그녀가 어떤 색의 옷을, 어떤 스타일의 옷을 입었는지를 영상으로 보여주므로서 독자는 쉽고 재미있게 소설에 빠져들 수 있게 될것이다.
(이하 생략)

4. 제작시 고려점 ⇒ CD제작이 가능한 인력을 구한다.
소설에서 보여주는 것만을 추구하기 보다는 그 내용 구성이 알차고 문학적인 요소와 가치관이 확실해야 한다. 아이들에겐 학습의 요소를 첨부하고, 가정적인 내용의 소설이 적당하겠다. 어려운 소설이기 보다는 '느림의 미학'을 선보일 만한 가정적인 소설을 만들어야 하겠다. (교육용 소설처럼.)

나. 예술 활동 표현으로서 창의적 글쓰기

디자인과 같이 예술 창작 부문에서는 굳이 텍스트 형태의 글쓰기를 창의성의 표현 수단으로 고집할 이유가 없다. 창의성 관련 연구 논문들 가운데는 음악, 디자인과 같은 예술 교육 현장에서 창의성을 기르기 위한 독특한 방법 등을 탐구하고 있는 내용들이 있다. 이는 예술 부문

교육에서 추구하는 창의성과 창의성 기르기 방법이 다른 과학, 경영 부문에서 행해지는 과정과 다를 수 있다는 전제 위에서 다루어진 탐사들이다. 가령 창의적으로 읽고, 생각하기까지의 2단계 과정이 보편적으로 동일하다고 하더라도 마지막 창의적 글쓰기의 단계에 와서는 과학자나 경영자가 표현하는 기호, 언어와는 성격이 다른 시청각적, 멀티미디어적 기호와 언어를 사용하는 예술가의 표현과 형상화는 같을 수가 없다는 얘기다. 때문에 예술 현장에서 나타나는 창의적인 글쓰기의 개념은 좀 더 비선형적이고 자유롭고 복합적일 수 있다는 점을 유의해야 한다.

기본적으로 좌뇌는 말하고 쓰기에 연결되어 있고 우뇌가 이미지와 관련한 상상력과 창의성에 직결되어 있으므로 음악과 미술 등 예술이 창의성 발달에 큰 영향을 끼친다는 분석은 많이 있어 왔다. 창의성을 품게 된 학생, 예술가에게는 시청각적 커뮤니케이션이 중요한 방법이면서도 동시에 결과요 표현이라는 이중성이 또한 존재한다.

다음 내용은 예술 부문에서 디자인 교육 창의성을 어떻게 함양하고 잘 표현하도록 할 것인가에 관한 교육방법이다. 기본적인 얼개는 과학이나 경영 등 일반적인 영역에도 두루 적용할 수 있는 방법이기는 하나 프로젝트 기반으로 교육하고 자신의 창의성을 표현하는 예술 부문의 특성을 잘 반영하고 있는 기법이기도 하다.

1) 독립적인 학습과 스스로 동기를 부여하여 시작하는 프로젝트를 요구하는 과제를 줌
2) 강의를 통해 정보를 전달하는 것보다 토의를 할 수 있도록 하고 단순한 기억을 유도하기
   보다 질을 던져 생산적인 사고를 유도할 수 있도록 한다

프랑스의 문화예술 교육과 창의성

- 문화라는 개념이 추상적이고 역사적인 면만 강조. 프랑스교육제도는 답보 상태.
- 교육부는 예술창작에 큰 비중을 두지 않았음. 예술과 문화는 수학이나 국어처럼 하나의 학문으로 정립되지 못했음.
- 1983년에 중요한 변화가 일어남: 알랭 사바리 교육부장관과 자크랑 문화부 장관과의 협약--〉 이에 따라 처음으로 문화수업이 열리게 됨(문화유산수업, 아르캉시엘(무지개)수업, 음악수업)--〉예술가들이 학교로 진출
- 1988년 새로운 국면: 조스팽 현총리가 교육부장관으로 취임--〉 고등학교 선택과목으로 예술교육은 제도적으로 자리잡게 되었고, 문화부의 적극적인 지원과 더불어 문화수업 및 예술실기활동이 증가
- 문화예술교육 5개년 계획: 학교에서의 문화예술교육정책 과제--〉교육의 방향을 제시

문화예술교육의 기본 철학

- 더 이상 예술은 교육제도의 보완물, 우선적으로 다른 교과목을 교육한 이후에 실시하는 교육, "근본적, 기초적" 교과목에 치우쳐 도외시하는 과목으로 생각하지 않는다
- 예술실기활동을 활성화하고 문화에 대한 접근기회를 확대
- 예술교육을 위해 가장 적합한 곳은 학교이다. 어린 나이에 예술작품을 일찍 접할 수 있도록 해주기에 가장 적합하다. 또 예술, 문화에 대한 접근기회의 불평등을 해소할 수 있다.--〉문화적 소외자, 불평등자에게 균등한 기회를 제공
- 감성은 이성과 불가분의 관계. 어린이는 이성과 감성이 조화롭게 상호보완적으로 계발 때만이 균형있고, 조화로운 자아계발을 할 수 있다. --〉감성에 눈을 뜨게 되면 이는 또다른 형태의 지성을 위한 씨앗이 됨. 계산에 음악을 도입하고, 독서에 연극을 도입하는 것이 그 예. 또한 조형예술은 기하학이나 투시도법과 무관하지 않다. 예술과 문화를 통해 글쓰기, 지리학, 역사적, 수학 등의 학문들은 생명과 깊이를 얻으며 보다 풍부해진다.
- 문화활동은 공동체 내에서 살아가는 법을 배우게 해주는 씨앗. 합창이나, 연극, 무용을 통하여 어린이들은 창의적이고 건설적인 토대 위에서 자신의 정체성을 정립.

3) 수업을 비공식적인 방법으로 지휘한다
4) 본격적인 창의적 생각에 들어가기 앞서서 'mind stretching'과 같은 워밍업 과정을 갖고 다양한 생각을 촉진시킨다. 필요하면 육체적 활동을 권장 한다
5) 평가를 너무 자주 하지 않도록 한다. 단점을 들춰내는 평가보다는 좀더 건설적인 방향으로 평가를 하도록 한다. 결과물보다는 사람에 초점을 맞추어 평가한다.
6) 본원적 사고(original thinking)를 많이 하도록 장려하고 이를 기준으로 보상한다
7) 특이한 질문, 아이디어, 정통적이지 않은 견해 등을 존중한다
8) 학생들이 스스로 모든 지식이 불완전하며, 다양한 관점에서 보도록 하며 애매모호함에 대해서 인내심을 갖고 볼 수 있도록 해 준다 .

다. 미디어 쓰기

창의적인 글쓰기는 미디어를 통한 자신의 표현과도 점점 많은 부분을 공유하고 있다. 미디어 '쓰기' 교육의 이러한 현실은 인문학에 뿌리를 둔 국어교육의 테크놀로지에 대한 두려움 뿐 아니라, 학생들의 감성적 자기표현을 위주로 한 글쓰기 교육이 뒷전으로 밀려나다시피 한 논리적 글쓰기 위주의 편향적 쓰기 교육에도 기안한다고 본다. 따라서 미디어 텍스트 '쓰기' 혹은 제작 교육이 새로운 기술을 바탕으로 한 일종의 '타이핑' 기술의 습득이라는 차원을 넘어서 새로운 매체 '언어'를 통한 커뮤니케이션의 주체, 다시 말해 미디어 텍스트의 '생산자/작가'로서의 능력을 학생들에게 길러주는 차원으로 사고되기 위해서는 일종의 '창작교육'적 차원에서 미디어 리터러시의 교육을 바라볼 필요가 있으며, 이러한 교육을 통해 감수성을 가진 아이들을 길러내고자 하는 근본적인 문제를 고민할 필요가 있다는 게 이 분야 전문가들의 지적이다.

참 고 문 헌

미야시타 마코토 (정택상 옮김) 2002. 〈캐릭터 비즈니스, 감성체험을 팔아라〉, 2001.
    넥서스 Books.
가드너, 하워드 (문용린 감역, 임재서 옮김). 2004 〈열정과 기질〉 북스넛, 1993.
이치구, 〈벤처의 제 4물결〉 한국경제신문, 2000.
현태준 · 이우일, 〈현태준 이우일의 도쿄 여행기〉 시공사, 2004.
황상민, 〈대한민국사이버 신인류〉 21세기북스, 2004.
패트리샤 월리스, 〈인터넷 심리학〉 (황상민 옮김 2001) 에코리브르, 1999.
히시츠네 게이치, (김지효 옮김) 2004. 〈공부 그만해라〉 명진 출판, 2004.
Julia Cameron, The Right to Write New York: Tarcher Putnam, 1999.
미하이 칙센트미하이, 〈창의성의 즐거움〉. (노혜숙 옮김) 2003. 북로드, 1996.
카메론 줄리아, 1992 〈아주 특별한 즐거움〉(이정기 · 변영우 옮김) 1997. 다정원, 1992.
키리도시 리사쿠, 〈미야자키 하야오 론〉(남도현 옮김) 2002. 서드 아이, 2001.
Paul Du Gay. ed. Production of Culture/Culture of Production London: Sage. 1997.
최인수, "창의성을 이해하기 위한 여성 가지 질문", 한국심리학회지 일반 1998. Vol. 17,
    No. 1, 25-47
고정민, "애니메이션 비즈니스 사례와 성공전략" 삼성경제연구소 Issue Paper, 2004.
    www.bbc.co.uk/blast/five steps
산업연구원, "지식강국건설을 위한 국가인적자원 개발 (Ⅲ)-문화산업 인적자원개발", 2004.
송민정, 〈디즈털미디어와 콘텐츠의 이해〉 진한도서, 2003.
김경동 서울대학교 사회학과 명예교수, 「한국의 문화정책: 현황과 미래 방향」, 2002.5.2.국제
    심포지엄.
김영석, 「멀티미디어와 정보 사회」, 나남 출판, 서울, 김영석, 1999.
김준동 · 강인수, 「서비스산업의 개방효과: 업종간 파급효과를 중심으로」, 대외경제정책
    연구원, 2000.12.
김준동 · 강준구, 「WTO서비스협상은 우리에게 어떤 영향을 미칠 것인가?」, 대외경제정책
    연구원 , 2001.10.

김진영외, 「디지털 전환에 따른 방송재원 연구」, 방송위원회, 2002. 10.

김유경(한국외국어대학교 신문방송학과 교수), 「미디어렙 제도 도입의 쟁점과 평가:
　　　시장논리와 공공논리」, (http://lib.adic.co.kr/data/sem/2001_mediapolicy/
　　　mediapolicy_2.html)

니콜라스 네그로폰테 지음, 백욱인 옮김, 「디지털이다」, 커뮤니케이션 북스, 서울, 1996.

로지 피들러 지음 조용철 옮김, 「미디어모포시스」, 커뮤니케이션 북스, 서울, 1999.

마샬 맥루한 지음, 박정규 옮김, 「미디어의 이해 −인간의 확장−」, 커뮤니케이션 북스,
　　　서울 , 1997.

부산대학교 언론정보연구소, 「21세기 미디어산업의 전망」, 한울아카데미, 서울, 1999.

송경희 한국방송영상산업진흥원 책임연구원, 「방송서비스 시장 및 규제현황」, 도하개발
　　　아젠다 세부의제별 간담회 토의자료, 2002.11, 대외경제정책연구원.

심상민, 「미디어는 콘텐츠다」, 김영사, 서울, 2002.

심상민, 김휴종, 「한국 주력산업의 경쟁력−엔터테인먼트 산업」, 삼성경제연구소, 2001.5.

심상민, 「콘텐트비즈니스의 새 흐름과 대응전략」, 삼성경제연구소, 2002.7.

심상민 · 고정민, 「한국문화산업발전을 위한 긴급과제」, 삼성경제연구소, 2002.8.

심상민 · 민동원, 「문화마케팅의 부상과 성공전략」, 삼성경제연구소, 2002.10

양병화, 「다변량자료분석의 이해와 활용」, 학지사, 서울, 1998, pp. 355−358

양재호 · 이현규 · 서길수, "텍스트매체 사용에 있어서 매체 경험이 매체 인지와 의사소통과정
　　　에 미치는 영향", 경영정보학연구, 한국경영정보학회, 제9권 3호, 1999년 9월, pp. 1−23.

정상철 한국문화정책개발원 연구원, 「DDA 서비스협상과 동북아 문화산업 협력방안」,
　　　제 6차 CT 정책포럼 자료집, 한국문화콘텐츠진흥원 주최, 2002.9.18,

황상민 · 한규석 저, 「사이버공간의 심리」, 박영사, 서울, 1999.　　　　　　　　　　2000.

한광회 외 저, 「인지과학 마음/언어/기계」, 학지사, 서울, 2000

한국언론정보학회 엮음, 「현대사회와 매스커뮤니케이션(제 2개정판)」, 한울아카데미, 서울,

한국언론연구원 편저, 「멀티미디어」, 서울, 1995.

한혜경, 「면대면 커뮤니케이션과 컴퓨터매개 커뮤니케이션의 비교연구: 커뮤니케이션 과정
　　　과 결과를 중심으로」, 언론사회문화, 통권 제 5호, 65−90, 서울 1996.

문화관광부, 『문화산업백서』, 각 년호 등

「WTO 도하개발 아젠다 협상 방송서비스 분야의 논의 동향과 대응방향」, 도하개발아젠다,
협상 세부의제별 간담회 토의자료, 대외경제정책연구원 주최, 2002.11.20.
방송위원회, '방송통신산업 DB', 「월간 방송 21」, 2002.9.
문화관광부 홈페이지: www.mct.go.kr
한국방송광고공사 홈페이지: www.kobaco.co.kr
영화진흥위원회 홈페이지: www.kofic.or.kr
후버스 온라인 : www.hoovers.com
INCP 홈페이지 : http://incp-ripc.org
한국소프트웨어진흥원(KIPA) 내부자료, 2002.6

Adler, P. S., "Interdepartmental interdependence and coordination: The case of the
design/manufacturing interface," Organization Science, 6 (2), 1995, 147-167.
Burke, K. and Chidambaram, L, "How Much Bandwidth is Enough? A Longitudinal
Examination of Media Characteristics and Group Outcomes," MIS Quarterly, Vol 23 No 4,
1999. pp. 557-579.
Carlson P. J. and Davis, G. B., "An investigation of media selection among directors and
managers: From Self to other orientation," MIS Quarterly, Volume 22, Number 3, 1998, pp.
335-362.
Carlson, T. R. and Zmud, R. W., "Channel expansion theroy and the experential nature
of media richness perceptions," Academy of Management Journal, Volume 42, 1999, pp.
152-168
Chidambaram, L., "Relational development in computer-supported groups," MIS
Quarterly, 20 (2), 1996, pp. 143-165.
Daft, R. L. and Lengel, R. H., "Information Richness: A new approach to managerial
behavior and organizational design," in Research in Organizational Behavior, JAI Press,

Greenwich, CT, 1984, pp. 191-233.

Daft, R. L. and Lengel, R. H., "Organizational information requirements, media richness and structural design," Management Science, Volume 32, Number 5, 1986, pp. 554-571.

Daft, R. L., Lengel, R. H., and Trevino, L. K. "Message equivocality, media selection and manager performance: Implications for information systems," MIS Quarterly, Volume 11, Number 3, 1987, pp. 355-366.

Daft, R. L., Lengel, R. H., and Trevino, L. K., "Message equivocality, media selection and manager performance: Implications for information systems," MIS Quarterly, 11 (3), 1987, pp. 355-368.

Daft, R. L. and Wiginton, John C., "Language and Organization," Academy of Management Review: 4(2): 1979 pp. 179-191.

Dennis, A. R., "Information exchange and use in group decision making: You can lead a group to information, but you can't make it think," MIS Quarterly, Volume 20, Number 4, 1996A, pp. 433-457.

Dennis, A. R., "Information Exchange and Use in Small Group Decision Making," Small Group Research, Volume 27, Number 4, 1996B, pp. 532-550.

Dennis, A. R. and Kinney, S. T., "Testing media richness theory in the new media: the effects of cues, feedback and task equivocality," Information Systems Research, Volume 9, Number 3, 1998, pp. 256-274.

Dennis, A. R. and Valacich, Joseph S., "Rethinking Media Richness : Towards a Theory of Media Synchronicity," the 32nd Hawaii International Conference on System Sciences, 1999.

DeSanctis, G. and Gallupe, R. B., "A foundation for the study of group decision support systems," Management Science, Volume 33, Number 5, 1987, pp. 589-609.

DeSanctis, G. and Poole, M.S., "Capturing the complexity in advanced technology use: adaptive structuration theory," Organization Science, Volume 5, Number 2, 1994, pp. 121-147.

DeSanctis, G. and Poole, M. S., "Transitions in teamwork in new organizational forms,"

Advances in Group Processes, 14. Greenwich, CT: JAI Press Inc., 1997, pp. 157−176.

El−Shinnawy, M. and Markus, M. L., "The poverty of media richness theory: explaining people's choice of electronic mail vs. voice mail," International Journal of Human−computer studies, Volume 46, Number 4, 1997, pp. 443−467.

El−Shinnawy, M. and Vinze, A. S., "Polarization and persuasive argumentation: a study of decision making in group settings," MIS Quarterly, Volume 22, Number 2, 1998, pp. 165−198.

Fulk, J., "Social construction of communication technology," Academy of Management Journal, Volume 36, Number 5, 1993, pp. 921−950.

Fulk, J. and Boyd, B., "Emerging theories of communication in organizations," Journal of Management, Volume 17, Number 2, 1991, pp. 407−446.

Fulk, J. and DeSanctis, G., "Electronic Communication and Changing Organizational Forms," Organization Science, Volume 6, Number 4, 1995, pp. 337−349.

Fulk, J., Schmitz, J. A., and Steinfield, C., "A social influence model of technology use," Organizations and Communication Technology, J. Fulk and C. Steinfield (eds.), Sage Publications, Newbury Park, CA, 1990, pp. 117−140.

Gefen D. and Straub D. W., "Gender differences in the perception and use of E−mail: An extension to the technology acceptance model," MIS Quarterly, Volume 21, Number 4, 1997, pp. 389−400.

Hiltz, S. R., Johnson, K., and Turoff M., "Experiments in group decision making, 1: Communication process and outcome in face−to−face versus computerized conferences," Human Communication Research, Volume 13, Number 2, 1986, pp.225−252.

Hollingshead A. B., "Information suppression and status persistence in group decision making: The effects of communication media," Human Communication Research, 23, Number 2, 1996, pp.193−219.

Hollingshead A. B., McGrath J.E., and O'Connor K. M., "Group task performance and communication technology: A longitudinal study of computer mediated versus face−to−

face work groups," Small Group Research, Volume 24, Number 3, 1993, pp.307-333.

Huang, W, Watson, R. T. and Wei, K. K., "Can a lean e-mail medium be used for rich communication? A psychological perspective," European Journal of Information Systems, Volume 7, 1998, pp.269-274.

Kiesler, S., "Think ahead: the hidden message in computer network," Harvard Business Review, Volume 64, 1986, pp.46-59.

Kiesler, S., Zubrow, D., Moses, A. M., and Geller, V., "Affect in computer mediated communication: An experiment in synchronous terminal-to-terminal discussion," Human Computer Interaction, Volume 1, Number 1, 1985, pp.77-104.

Lea, M. and Spears, R., "Computer-mediated communication, de-individuation and group decision-making," International Journal of Man-Machine Studies, Volume 34, Number 2, 1991, pp. 283-301.

Lea, M., & Spears, R., "Paralanguage and social perception in computer-mediated communication," Journal of Organizational Computing, 2 (3 & 4), 1992, pp.321-341.

Markus H. R. and Kitayama S., "Culture and the self: Implications for cognition, emotion and motivation," Psychological Review, Volume 98, Number 2, 1991, pp. 224-253.

Markus, M. L., "Electronic mail as the medium of managerial choice," Organization Science, Volume 5, Number 4, 1994a, pp. 502-527.

Markus, M. L., "Finding a Happy Medium: Explaining the Negative Effects of Electronic Communication on Social Life at Work," ACM Transactions on Information Systems, Volume 12, Number 2, 1994b, pp. 119-149.

Markus M. L., Bikson T. K., El-Shinnawy M., and Soe L. L., "Fragments of your communication: Email, vmail, and fax," Information Society, Volume 8, Number 4, 1992, pp.207-266.

Marshall, E. M., "The collaborative workplace," Management Review, Volume 84, Number 6, 1995, pp.13-17

McGrath, J. E., "Time, interaction, and performance (TIP): A theory of groups," Small Group Research, 22 (2), 1991, pp. 147-174.

McGrath, J. E. and Hollingshead, A. B., Groups interacting with technology. Thousand Oaks, CA: Sage Publications., 1994

Nunamaker, J. F., Dennis, A. R., and Denis, Vogel Douglas R., "Information Technology for Negotiating Groups: Generating Options for Mutual Gain," Management Science , Vol 37, No.10, 1991

Nunamaker, J. F. , Dennis, A. R, and Denis, Vogel Douglas R, "Electronic Meeting Systems to Support Group Work," Association for Computing Machinery, Communication of the ACM, 1991

Parks, M. R. and Floyd, K., "Making friends in cyperspace," Journal of Communication, 46, 1996, pp. 80－97

Pinsonneault, A., Barki H., Gallupe, R. B., and Hoppen N., "Electronic brainstorming: The illusion of productivity," Information Systems Research, Volume 10, Number 2, 1999, pp. 110－133.

Rheingold, H., The Virtual Community. Addison－Wesley publishing , New York, NY, 1993

Rice, R. E. and Love, G., "Electronic emotion: Socioemotional content in a computer－mediated communication network," Communication Research, 14 (1),1987, pp. 85－108.

Schoorman, F. D., Mayer, R. C., and Davis, J. H., "Empowerment in veterinary clinics: The role of trust in delegation," The 11th Annual Conference, Society for Industrial and Organizational Psychology, San Diego.1996

Short, J., Williams, E., and Christie, B., The social psychology of telecommunications, New York, NY: John Wiley., 1976

Sia, C. L., Tan, B,C, and Wei, K. K., "Group Polarization and Computer Mediated Communication: Effects of Communication Cues, Social Presence, and Anonymity," Information Systems Research, Vol 13, Number 1. 2002, pp. 70－90

Siegel, J., Dubrovsky V., Kiesler, and McGuire T. W., "Group processes in computer－mediated communication," Organizational Behavior and Human Decision Processes, Volume 37, Number 2, 1986, pp.157－187.

Spears, R., Lea, M., and Lee, S., "De－individuation and group polarization in computer mediated communication," British Journal of Social Psychology, Volume 29, Number 2, 1990, pp.121-134.

Sproull, L. and Kiesler, S., "Connections: New Ways of working in the Networked Organization," Cambridge, Mass, MIT Press, 1992.

Suh, K. S., "Impact of communication medium on task performance and satisfaction : an examination of media-richness theory," Information and Management, 1999, pp.295-312.

Valacich, J. S., Dennis, A., and Connolly, T., "Idea generation in computer-based groups: A new ending to an old story," Organizational Behavior and Human Decision Processes, Volume 57, Number 3, 1994, pp. 448-467.

Valacich, J. S., Dennis, A., and Nunamaker, J. F., "Electronic meeting support: the Group Systems concept,". International Journal of Man-Machine Studies, Volume 34, Number 2, 1991, pp. 261-282.

Valacich, J. S., Paranka, D., George, J. F., and Nunamaker, J. F., "Communication concurrency and the new media: A new dimension for media richness," Communication Research, Volume 20, Number 2, 1993, pp.249-276.

Walther, J. B., "Interpersonal effects in computer-mediated interaction: A relational perspective," Communication Research, 19 (1), 1992, pp. 52-90.

Walther, J. B., "Anticipated ongoing interaction versus channel effects on relational communication in computer-mediated interaction," Human Communication Research, 20 (4), 1994, pp. 473-501.

Weick, K. E., The Social Psychology of Organizing, Reading, Addison Wesley, MA, 1979.

Yoo, Y., and Alavi, M., "Media and Group Cohesion: Relative Influences on Social Presence, Task Participation, and Group Consensus," MIS Quarterly, Volume 25, Number 3, 2001

이밖에 조선일보, 한국경제신문 등 정기간행물 다수